Venezuela Küche

Kochrezepte aus den Anden, Kolumbien und Venezuela

Nariman Zeitun

Die Autorin und der Verlag bedanken sich bei allen, die sie mit Rezepten versorgt haben, damit dieses Buch auf dem deutschsprachigen Markt erscheinen konnte.

1. Auflage 2013, 2. Auflage 2019

Fotos: M. Nader Asfahani
Titelbild: Gundula Wagner
Übersetzung, Gestaltung, Herstellung und Satz:

Asfahani Verlag
Hausbrucher Straße 54 / D-21147 Hamburg
Federal Republic of Germany
Telefon 040-7967951 Fax 040-7967955
Email: info@asfahani.de
Internet: www.asfahani.de

ISBN 978-3-927459-74-7

Exotische Küche
Kochbücher aus dem Süden

☺ Alle Rezepte sind für 3 bis 4 Personen gedacht

Sachregister

Kurze Informationen

Vorspeisen, Beilagen und schnelle Gerichte

Salate

Soßen und eingelegte Zutaten

Suppen

Hülsenfrüchte, Reis- und vegetarische Gerichte

Fleischgerichte

Geflügelgerichte

Eiergerichte

Fischgerichte

Süßspeisen

Kurze Informationen

Amaranth

Amaranth ist glutenfrei und zählt botanisch zur Familie der Gartenfuchsschwänze. Deshalb wird Amaranth als Pseudogetreide oder Körnerfrucht bezeichnet.

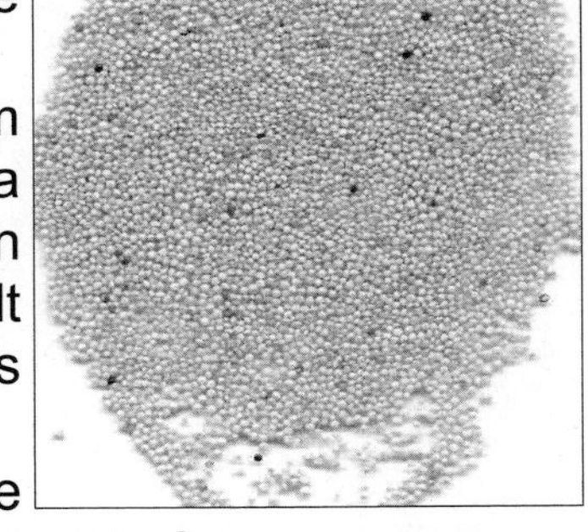

Die Spanier haben diese Pflanze im 16. Jahrhundert nach Europa gebracht. Erst im letzten Jahrhundert hat die westliche Welt den hohen Nährwert des Amaranths wiederentdeckt.

Da es sich um eine Kurztagpflanze handelt, können die meisten Amaranthpflanzen, wegen der langen Sommertage in Europa, keine Blüten bilden.

In den Anbaugebieten des Amaranths werden nicht nur die Körner als Nahrungsmittel verzehrt, auch die Blätter werden als Gemüse verwendet.

Die Amaranthkörner sind so klein, dass 1 Gramm davon über 1200 Körner enthalten kann. Das Korn hat einen großen Keimling, in ihm sind die wertvollen Inhaltsstoffe, wie Vitamine, Fett, Eiweiß und Mineralstoffe konzentriert.

Auf der ganzen Welt gibt es über 100 verschiedene Sorten Amaranth.

In Deutschland ist der Amaranth als Zierpflanze bekannt

Mais

Der Mais ist ein Getreide, das zu der Familie der Süßgräser gehört und zuerst von den Indianern in Amerika angebaut wurde. Erst im 15. Jahrhundert, nachdem Kolumbus Amerika entdeckt hatte, kam der Mais nach Europa und seither wird er in fast allen

Ländern der Erde angebaut. Man nennt ihn auch Türkischen Weizen oder Kukuruz. Er kann bis zu 2,5 m hoch werden.
Der Mais wird, je nach Kornmerkmalen, in verschiedene Formen unterteilt. Es gibt zum Beispiel Mehlmais oder Hartmais.
Aus dem Maismehl werden Maisfladen, so genannte „Tortilla“ hergestellt. Es wird auch als Soßenbinder verwendet. Außerdem gibt es Maisgrieß (Polenta), Maiskeimöl, Popcorn und Cornflakes.
Die Maiskörner des Zuckermais werden als Gemüse gegessen. In einigen südlichen Länder verkaufen fliegende Händler in den Abendstunden gekochte oder über Holzkohle gegrillte Maiskolben.
Der größte Teil der Maisernte wird als Viehfutter oder zur Herstellung von Kraftstoff verwendet.
Zum Wachsen und Gedeihen braucht der Mais eine große Menge Dünger und benötigt zum Schutz vor Schädlingsbefall Pestizide.

Quinoa, das Korn der Inka

Quinoa, wird auch Inkakorn, Heidenkorn oder Perureis genannt. Sie ist eine der ältesten Kulturpflanzen Südamerikas. Sie war und ist bis heute in den südamerikanischen Anden das wichtigste Nahrungsmittel.
Quinoa zählt zu den Gänsefußgewächsen und ist mit dem Spinat, Mangold und Rote Bete verwandt. Man kann nicht nur die Körner zur Herstellung von Gerichten verwenden, sondern auch die Blätter. Sie werden als Gemüse gegessen. Die Pflanze, die über zwei Meter hoch werden kann, hat je

nach Sorte verschiedenfarbige Samen, von weiß bis schwarz. In Deutschland werden meistens die hellen Sorten angeboten.
Der Quinoa wird mühsam mit der Hand geerntet, da die Körner ungleich reifen. Deshalb lohnt sich der konventionelle Anbau nicht.

Reis

Reis ist ein Spelzgetreide, glutenfrei, natriumarm und besteht bis zu 70% aus Stärke, ca. 6 bis 7% Eiweiß und ca. 1% Fett. Weltweit gibt es ca. 8000 Sorten Reis. Die Sumpfpflanze gedeiht am besten in tropischen Klimazonen. Einige europäische Länder wie Italien, Frankreich, die Schweiz und Spanien bauen auch Reis an.
Für die verschiedenen Reissorten gibt es unterschiedliche Anbaumethoden.

Besonderheit:

Reis ist natriumarm und wirkt deshalb entwässernd. Bei Übergewicht und Bluthochdruck ist er für Diäten bestens geeignet. Da er glutenfrei ist, können ihn Zöliakie- und Spruekranke bedenkenlos essen.

Wildreis

Wildreis gehört nicht zur Reisfamilie.
Die Indianer Nordamerikas haben den Wildreis in Seen mit niedrigem Wasserstand entdeckt und als Nahrungsmittel verwendet. Die langen, dünnen Körner sind schwarz und haben einen nussartigen Geschmack.
Der Wildreis wird mühsam vom Boot aus mit der Hand geerntet, deshalb ist er teuer und gilt als Delikatesse.
Auch die Industrie wurde auf den Wildreis der Indianer aufmerksam. In den Vereinigten Staaten von Amerika bauen große Unternehmen den Wildreis in riesigen

Plantagen in Wasserbassins an.
Als biologisches Produkt ist der Wildreis teurer als die industriell angebauten Sorten.
Wenn man Natur- oder Langkornreis mit Wildreis vermischt, bekommt man eine sehr schmackhafte Mischung.

Tamales

Wird auch Ayacas, Hallacas, Hayacas, Bollos und Cachapas genannt

Tamales sind gefüllte Teigtaschen aus Maismehl oder Maispüree. Traditionell werden die Tamales mit getrockneten Maiskolbenblättern, Maisblättern oder Bananenblättern umhüllt und mit einem Faden festgebunden, damit sie beim Kochen nicht aufgehen. Danach werden die gefüllten Blätter in einem Dampfkochtopf gedämpft und bei mittlerer Hitze ca. 1½ Stunden gegart. Man kann die gefüllten Blätter auch in eine tiefe Pfanne legen, mit Wasser bedecken, die Pfanne zudecken und bei mittlerer Hitze garen.
Ersatzweise, kann man Alufolie verwenden.

Ulluco (oder Olluco)

Ulluco (auch Ocas und Yacon genannt) ist ein Südamerikanisches Wurzelgemüse mit verschiedenen Farben (rot, lila, grün, gelb...). Es wächst in sehr hohen Lagen. Ulluco findet man nicht auf dem Markt. Einige Gärtnereien bieten diese Pflanze an, sie kostet ca. 3,00€.
Ulluco wird in Deutschland von Hobbygärtnern gepflanzt. Mehr Informationen darüber gibt es im Internet.

Chili

Wie man mit scharfen Chilis umgeht

Bevor Sie die Chilis anfassen, ziehen Sie bitte Gummihandschuhe an. Damit wird verhindert, dass die ätherischen Öle Ihnen Hautjucken verursachen. Berühren Sie außerdem nicht Ihre Augen, während des Arbeitens mit Chili.

Chili nur mit kaltem Wasser waschen. Bei heißem Wasser kann getrockneter Chili Dämpfe entwickeln, die die Augen und Schleimhäute reizen.

✤✤✤✤✤✤✤✤✤✤

Kokosnuss

Kokosnüsse gibt es überall in Südostasien, sie werden jeden Tag in der Küche benutzt.

Es gibt sie in 3 Reifeprozessen:

sehr jung,
jung
und ziemlich alt

Die Kokosnüsse die Europa erreichen sind alle alt.

Kokosnüsse können so jung sein, dass das Fleisch mit einem Löffel ausgeschabt werden kann.

Das Kokosnusswasser ist süß, schmeckt köstlich und wird in den Ländern, wo Kokosnuss wächst mit dem zarten Fruchtfleisch, welches auf dem Kokosnusswasser schwimmt verkauft.

Kokosnussbaum

Bei einer etwas älteren Kokosnuss ist das Fruchtfleisch fest genug um es zu reiben und daraus Kokosnussmilch herzustellen. Das kann man mit einer normalen Käsereibe oder Küchenmaschine erledigen. Grob geriebene, junge Kokosnüsse kann man in manchen chinesischen oder asiatischen Lebensmittelläden in tiefgefrorener Form kaufen. Kokosnussmilch oder Creme gibt es auch in Dosen zu kaufen.

Frische Kokosnüsse

Kokosnussmilch

Um Kokosnussmilch herstellen zu können, muss man zuerst das weiße Fruchtfleisch raspeln oder reiben.

Kokosnusspaste herstellen

1. Methode

☺ Fruchtfleisch einer Kokosnuss reiben ➟ in den Mixaufsatz einer Elektroküchenmaschine geben ➟ 1/4 Liter heißes Wasser darüber geben und mit hoher Geschwindigkeit mixen ➟ einen weiteren 1/4 Liter heißes Wasser dazugeben und weiter mixen, bis ein glatter Brei entstanden ist.

2. Methode

☺ Kokosnussfruchtfleisch von Hand reiben (oder fertig geriebene Kokosnuss verwenden) ➟ 1/2 Liter heißes Wasser darüber geben ➟ mit einem Schneebesen oder Elektromixer kräftig schlagen.

Kokosnussmilch herstellen

☺ Ein Sieb mit einem Küchentuch auslegen ➟ Kokosnussbrei hinein geben ➟ mit einem Löffel kräftig pressen ➟ die Enden des Tuches zusammenhalten und kräftig wringen, damit die restliche Flüssigkeit aus dem Brei austropfen kann.

❍ Man kann auch Kokosnusscreme aus der Dose oder aus dem Glas nehmen und mit Wasser verdünnen.

Aufbewahrung von Kokosnussmilch

Eine frische Kokosnuss, die man im Supermarkt kauft, ist mindestens einige Wochen alt, aber wenn man sie nicht öffnet, hält sie noch mindestens einen Monat und mehr.

Getrocknete und sahnige Kokosnuss hält sehr lange.

Kokosnussmilch hält sich nicht. Kokosnussmilch muss innerhalb von 24 Stunden verbraucht werden. Nach der Herstellung kann sie über Nacht im Kühlschrank aufbewahrt werden, sie kann verdicken wie Sahne aber sie schmilzt wieder wenn sie erhitzt wird.

Gerichte, die mit Kokosnussmilch hergestellt werden und die im Kühlschrank oder Gefrierschrank aufbewahrt werden sollen, dürfen nur ohne Kokosnussmilch aufbewahrt werden. Kokosnussmilch darf erst kurz vor dem Erhitzen und Servieren dazugegeben werden.

Wenn Kokosnussmilch kaltgestellt wird, setzt sich die Sahne auf der Oberfläche ab. Das schadet der Kokosnussmilch nicht.

Die kalte Kokosnussmilch, in einem Gefäß, in ein warmes Wasserbad stellen und gut rühren.

Kokosnussöl

Da Kokosnussöl schnell ranzig wird und das Gericht ruinieren kann, sollte man beim Kochen Pflanzenöl verwenden.

Dämpfen ohne Dampfkochtopf

Es gibt mehrere Methoden Gerichte zu dämpfen ohne extra einen Dampfkochtopf zu kaufen.

Abb. 1:

Etwas Wasser in einen Topf geben ➡ ein Metallsieb in den Topf hängen ➡ Zutaten in das Sieb geben ➡ Topf zudecken und das Wasser zum Kochen bringen, dann bei mittlerer oder schwacher Hitze dämpfen, bis die Zutaten gar sind.

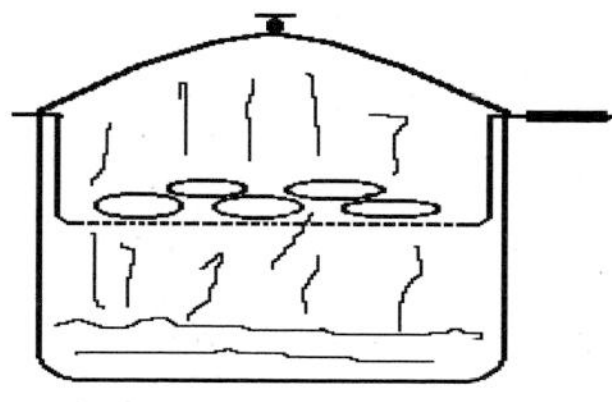

Abb. 2:

Wasser in einen Topf geben ➡ eine schwere Tasse in die Mitte stellen und darauf eine Platte aus Metall oder Keramik legen ➡ die Zutaten darauf verteilen ➡ Topf zudecken und das Wasser zum Kochen bringen, dann bei mittlerer oder schwacher Hitze dämpfen, bis die Zutaten gar sind.

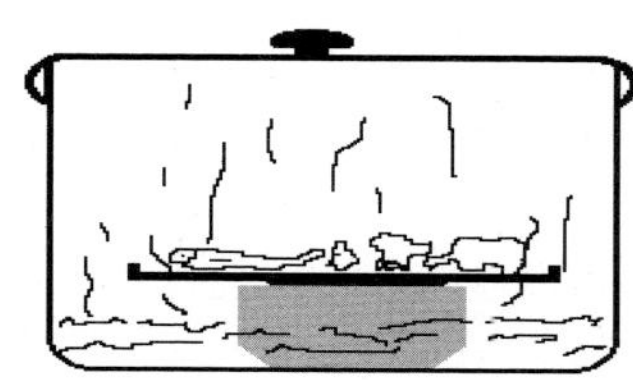

Tomaten enthäuten

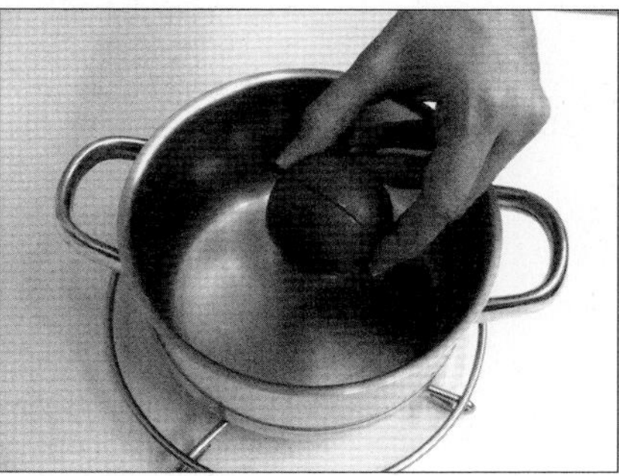

☺ Tomatenhaut mit einem scharfen Messer kreuzweise anritzen und in einen Topf geben.

☺ Kochendes Wasser darüber geben und ein paar Minuten stehen lassen, dann auf einen Teller geben.

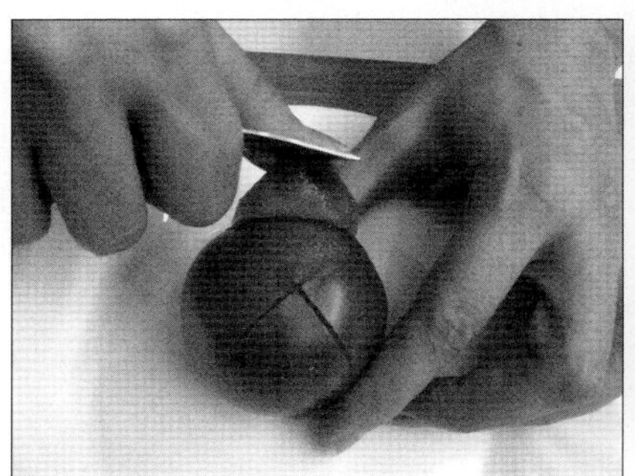

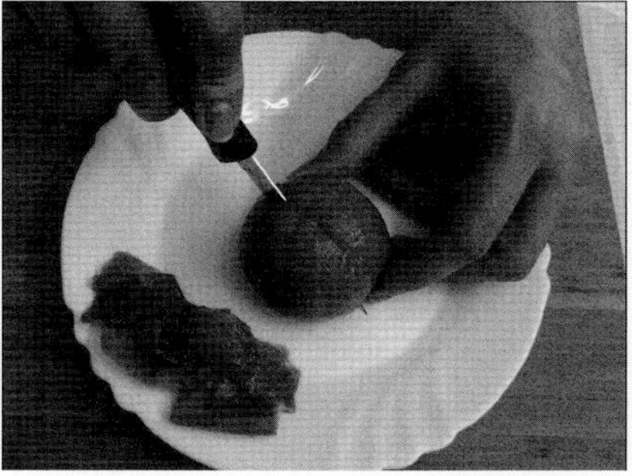

☺ Mit einem Messer die Haut abziehen, halbieren, Samen entfernen und hacken.

Vorspeisen, Beilagen und schnelle Gerichte

Gegrillte Herzen

Zutaten:

1 Kalbsherz, halbieren, Fett und Sehnen Entfernen, in ca. 3 cm Würfel schneiden, waschen und abtropfen lassen

Zutaten für die Marinade:

2 bis 3 (oder weniger) kleine, scharfe Chilischoten, Stielansätze abschneiden, der Länge nach halbieren, Samen entfernen und hacken
3 Knoblauchzehen, schälen, mit etwas Salz in einen Mörser geben und zerdrücken
4 bis 5 Esslöffel Weinessig
1 Teelöffel Kreuzkümmelpulver (oder Kümmelpulver)
Salz
Pfeffer

Zutaten für die Soße:

3 kleine, getrocknete, scharfe Chilischoten, Stielansätze abschneiden, der Länge nach halbieren, Samen entfernen und fein hacken. Wer die Soße sehr scharf haben möchte, kann die Chilisamen bei der weiteren Bearbeitung verwenden
1 Esslöffel gehackte Petersilie
1 Esslöffel gehackter Koriander
Salz
1/2 Tasse Öl

So wird es gemacht:

☺ Alle Zutaten für die Marinade in eine große Schale geben und gut vermengen ➟ Herzwürfel untermengen ➟ Schale zudecken und über Nacht in den Kühlschrank stellen. Zwischendurch wenden.

☺ Gehackten Chili in eine Schale geben und mit kochendem Wasser für ca. 1/2 Stunde einweichen ➟ mit einem Schaumlöffel aus dem Wasser nehmen und in eine Küchenmaschine geben ➟ etwas Wasser vom eingeweichten Chili dazugeben und zu einer Paste pürieren ➟ Öl und 1/2 Tasse eingeweichtes Wasser in einem kleinen Topf erhitzen ➟ Chilipaste dazugeben und bei mittlerer Hitze dünsten, bis die Masse weich wird ➟ etwas Salz, gehackten Koriander und Petersilie untermengen ➟ Topf vom Herd nehmen und abkühlen lassen.

☺ Fleischstücke auf Spieße stecken und beiseite stellen ➟ In dieser Zeit bereiten Sie den Grill vor, der sehr gut vorgeheizt sein muss. Beim Grillen ab und zu das Fleisch mit Marinade bestreichen (die Spieße brauchen 3 bis 4 Minuten um gar zu werden).

Man kann das Fleisch auch mit Öl in einer Pfanne braten bis es rundherum knusprig ist.

☺ Spieße mit Soße servieren (ab Seite 43).

****

Gebratene Kochbananen

Zutaten:

1 bis 2 Kochbananen (Plantain)
Salz
Öl, zum Braten

So wird es gemacht:

☺ Kochbananen schälen, halbieren und der Länge nach in sehr dünne Streifen schneiden. Das geht am besten mit einem Sparschäler.

☺ Öl in einer Pfanne erhitzen ➡ Bananenstreifen in das heiße Öl geben und von beiden Seiten goldbraun braten ➡ aus der Pfanne nehmen, auf Küchenpapier geben, damit das überschüssige Öl entfernt wird, salzen und heiß servieren.

****

Variante 2

Zutaten:

1 bis 2 Kochbananen (Plantain)
Salz
Öl, zum Braten

So wird es gemacht:

☺ Bananen schälen und in dünne Scheiben scheiden ➡ Öl in einer Pfanne erhitzen ➡ Bananenscheiben in das heiße Öl geben und goldbraun braten ➡ aus der Pfanne nehmen, auf Küchenpapier geben, damit das überschüssige Öl entfernt wird, salzen und heiß servieren.

****

Kreolisches Omelette

Zutaten:

4 Eier
1 Esslöffel Sahne oder Milch
Salz
Öl oder Butter, zum Braten

Zutaten für die Soße:

1 Tomate, Haut anritzen, in eine Schale geben und mit kochendem Wasser überbrühen, ca. 5 Minuten stehen lassen, Haut abziehen, halbieren, Samen entfernen und hacken
1 kleine Zwiebel, schälen und in dünne Scheiben schneiden
1 Knoblauchzehe, schälen, mit etwas Salz in einen Mörser geben und zerdrücken, oder fein hacken
1 lange, milde Peperoni, Stielansatz abschneiden, der Länge nach halbieren, Samen entfernen und fein hacken
1 Esslöffel Sojasoße oder Worcestersoße
Salz
Pfeffer
Etwas Öl

So wird es gemacht:

☺ Etwas Öl in eine Pfanne geben und erhitzen ➟ alle Zutaten für die Soße dazugeben und bei mittlerer Hitze 5 bis 8 Minuten köcheln lassen, bis die Soße dickflüssig wird ➟ Soße in eine Servierschale geben und warm halten.
☺ Die Eier aufschlagen und in eine Schale geben ➟ Sahne oder Milch und etwas Salz dazugeben und gut verrühren.
☺ Etwas Öl oder Butter in einer Pfanne erhitzen ➟ die Hälfte der Eier in die Pfanne geben und von beiden Seiten braten ➟ aus der Pfanne nehmen, auf Servierteller geben und warm halten. Dann die restlichen Eier braten, auf Servierteller geben und mit Soße servieren (ab Seite 43).

Kartoffeln mit scharfer Soße

Zutaten:

7 bis 8 rote Kartoffeln (bekannt als rote Schweden). Ersatzweise normale, kleine Kartoffeln
100 g Ziegenkäse oder Feta, zerkrümeln
1 kleine Zwiebel, schälen und hacken
1 bis 2 Knoblauchzehen, schälen, mit etwas Salz in einen Mörser geben und zerdrücken
4 bis 5 Esslöffel gehackte Walnüsse
1 Esslöffel Limettensaft (oder Zitronensaft)
3 bis 4 gelbe, scharfe Chilischoten (oder Menge nach Geschmack), Stielansätze abschneiden, der Länge nach halbieren, Samen entfernen, hacken, für ca. 1 Stunde in 1 Tasse Wasser legen, aus dem Wasser nehmen, mit etwas Wasser in eine Küchenmaschine geben und pürieren
1/2 Tasse Milch
Salz
Pfeffer
Ein paar Esslöffel Öl
1/2 Tasse Öl
Zwiebelsoße, siehe Seite 45
Salatblätter, waschen
Einige Oliven ohne Kerne, halbieren

So wird es gemacht:

☺ Kartoffeln schälen, halbieren, in einen Topf geben, mit Wasser bedecken und gar kochen, durch ein Sieb geben und abtropfen lassen.
☺ 2 bis 3 Esslöffel Öl in einem Topf oder einer Pfanne erhitzen ➡ Zwiebeln dazugeben und glasig dünsten ➡ Knoblauchpaste und etwas Chilipaste dazugeben, kurz dünsten und in eine Küchenmaschine geben ➡ Walnüsse, Limettensaft, Milch, Salz und Pfeffer dazugeben und pürieren ➡ beim Pürieren, 1/2 Tasse Öl langsam dazugeben und weiter rühren, die Soße soll dünn sein ➡ Soße mit Chilipaste

abschmecken.
☺ Einen Servierteller mit Salatblättern belegen, die gekochten Kartoffeln darauf verteilen, Chilisoße darauf verteilen, Olivenhälften darauf geben und mit Zwiebelsoße servieren.

❄❄❄❄❄❄❄❄❄❄

Fisch-Kokosnuss-Cebiche

Cebiche sind marinierte Zutaten in Zitronensaft oder Limettensaft und Orangensaft. Sie sind in Südamerika sehr beliebt.

Zutaten:

1 Tasse Kokosnussmilch (siehe Seite 12)
500 g Fischfilets, Sorte nach Belieben, in ca. 2x3 cm Streifen schneiden, waschen, abtropfen lassen und in eine große Schale geben
3 Limetten, auspressen (oder Limetten und Zitronen verwenden)
1 Orange, auspressen
2 bis 3 Knoblauchzehen, schälen, mit etwas Salz in einen Mörser geben und zerdrücken
1 Zwiebel, schälen und in dünne Streifen schneiden
Etwas Chilisoße
2 bis 3 Esslöffel gehackte Korianderblätter

So wird es gemacht:

☺ Limetten- und Orangensaft über die Fischstreifen geben, gut vermengen, Schale zudecken und 5 bis 6 Stunden im Kühlschrank stehen lassen ➟ zwischendurch wenden.
☺ Kokosnussmilch, Knoblauchpaste, Zwiebeln und Chilipaste in eine Schale geben ➟ Fischstreifen mit einem Schaumlöffel aus der Schale nehmen, abtropfen lassen und zur Kokosnussmilch geben und gut vermengen ➟ Schale zudecken und ca. 2 Stunden im Kühlschrank aufbewahren.
☺ Fischmasse in 4 Teile teilen, in Servierschalen geben, mit Koriander bestreuen und servieren.

❄❄❄❄❄❄❄❄❄❄

Vegetarische Cebiche

Zutaten:

1 kleine Dose Palmherzen, durch ein Sieb geben und abtropfen lassen, dann in Scheiben schneiden
250 g Champignons, in Streifen schneiden
250 g kleine Broccoliröschen
100 bis 200 g kleine Blumenkohlröschen
1 Bund Lauchzwiebeln, nur den weißen Teil in Scheiben schneiden
1 Esslöffel Limetten- oder Zitronensaft
500 g Tomaten
4 bis 5 Esslöffel Tomatensaft
1/2 Tasse Limetten- und Zitronensaft
1/4 bis 1/2 Tasse Orangensaft
Je 1 Teelöffel Senf und Olivenöl
Scharfe Chilipaste, Menge nach Geschmack
Salz
Pfeffer
1 rote Zwiebel, schälen, halbieren und in dünne Streifen schneiden, in eine kleine Schale geben, mit Wasser bedecken und ca. 20 Minuten stehen lassen, dann durch ein Sieb geben und abtropfen lassen
Saft einer Limette oder Zitrone
Salz
Pfeffer

So wird es gemacht:

☺ Zwiebeln, Limettensaft, etwas Salz und Pfeffer in eine Schale geben, gut vermengen und ca. 3 Stunden stehen lassen, bis die Zwiebeln ihre Farbe ändern.
☺ Tomatenhaut mit einem scharfen Messer anritzen ➡ in einen Topf geben, mit kochendem Wasser überbrühen und ein paar Minuten in kochendem Wasser stehen lassen ➡ dann die Tomaten aus dem Topf nehmen, Haut abziehen, halbieren, Stielansätze abschneiden, Samen entfernen, hacken und in ein Püriergerät geben ➡ Tomatensaft,

Limetten,- Zitronen– und Orangensaft dazugeben, dann 1 Teelöffel Senf, 1 Teelöffel Olivenöl, Chilipaste (Menge nach Geschmack), Salz und Pfeffer dazugeben und pürieren. Falls die Masse sehr sauer ist, mit etwas Zucker abschmecken und die Masse über Nacht im Kühlschrank stehen lassen.

☺ Die vorbereiteten Zwiebeln und Tomaten in eine große Schale geben und gut vermengen ➠ Palmherzscheiben untermengen.

☺ Wasser und etwas Salz in einen Topf geben und zum Kochen bringen ➠ Broccoli und Blumenkohl dazugeben und ein paar Minuten kochen lassen, bis sie weich sind ➠ durch ein Sieb geben, abtropfen lassen und im Kühlschrank aufbewahren.

☺ Ca. 2 Tassen Wasser, Lauchzwiebeln und Limetten– oder Zitronensaft in einen Topf geben und zum Kochen bringen, dann bei mittlerer Hitze ein paar Minuten kochen lassen ➠ Champignons dazugeben und ganz kurz (unter 1 Minute) kochen lassen ➠ Topfinhalt durch ein Sieb geben, abtropfen lassen, in die Tomaten-Zwiebelmarinade geben und gut vermengen ➠ Schale zudecken und ca. 4 Stunden im Kühlschrank stehen lassen.

☺ Kurz vor dem Servieren, Broccoli und Blumenkohl in die Marinade geben, gut vermengen und servieren.

❄❄❄❄❄❄❄❄❄❄❄

Mehlteig für Pasteten und Teigtaschen

Zutaten:

2 Tassen Mehl, sieben
1/2 Tasse Wasser*
1 Teelöffel Backpulver
4 bis 5 Esslöffel weiche, ungesalzene Butter
1 bis 1½ Teelöffel Salz
Prise Zucker

* Man kann auch 1/4 Tasse Wasser und 1/4 Tasse Milch für den Teig verwenden

So wird es gemacht:

☺ Mehl, Backpulver, Salz und eine Prise Zucker in eine Schale geben und gut vermengen ➟ Butter dazugeben und mit der Hand gut verkneten ➟ Wasser nach und nach dazugeben und zu einem weichen Teig verkneten (mit der Hand oder mit einer Küchenmaschine) ➟ Teig zu einer Kugel formen, in Mehl wälzen, in eine Schale geben und zudecken, bis der Teig aufgeht, dann noch mal durchkneten und bis zum Gebrauch im Kühlschrank aufbewahren.

oder

☺ Mehl durchsieben und in eine Schüssel geben ➟ in die Mitte eine Mulde drücken ➟ Hefe mit lauwarmem Wasser und etwas Zucker in die Mulde geben ➟ gehen lassen ➟ Salz und Wasser dazugeben und zu einem Teig verkneten, dann zu einer Kugel formen, in der Schüssel lassen, zudecken und warm halten, bis der Teig aufgeht, dann noch mal durchkneten.

❄❄❄❄❄❄❄❄❄❄

Variante 2

Zutaten:

400 g Mehl
200 ml warmes Wasser
70-75 ml Öl
100 g Butter
Salz

So wird es gemacht:

☺ Mehl durchsieben und in eine Schüssel geben.

☺ Butter und Öl in einer Schüssel im Wasserbad schmelzen lassen ➟ zum Mehl geben ➟ warmes Wasser und Salz dazugeben ➟ kneten, bis der Teig zusammenhält.

❄❄❄❄❄❄❄❄❄❄

Maismehlteig

Zutaten:

1 Tasse Maismehl. Falls möglich, Sorte Arepa
Ca. 1 Tasse warmes Wasser
Salz

Damit der Teig besser zusammenhält, etwas Mehl dazugeben.

So wird es gemacht:

☺ Mehl und etwas Salz in eine Schale geben und gut vermengen ➟ Wasser nach und nach dazugeben und gut verkneten ➟ Schale zudecken und ein paar Minuten beiseite stellen.

☺ Den Teig noch mal für ca. 1 Minute mit der Hand verkneten, zu einer Kugel formen, in einen Plastikbeutel geben, gut verschließen und bis zum Gebrauch kühl aufbewahren.

❄❄❄❄❄❄❄❄❄❄

Gefüllte Teigtaschen mit Fleischfüllung

Zutaten:

Mehlteig, siehe Seite 24 und 25

Zutaten für die Füllung:

250 g Hackfleisch
1 große Kartoffel, schälen, halbieren, in Streifen schneiden und in kleine Würfel schneiden
1 bis 2 Karotten, schälen, der Länge nach halbieren, in Streifen schneiden und in kleine Würfel schneiden
1 Kochzwiebel, schälen und in kleine Würfel schneiden
2 bis 3 lange, milde Peperoni, Stielansätze abschneiden, der Länge nach halbieren, Samen entfernen und fein hacken
1 kleine Chilischote, Stielansatz abschneiden und fein hacken. Eventuell die Samen entfernen
Handvoll frische, kleine Erbsen
1 Knoblauchzehe, schälen und fein hacken oder mit etwas Salz in einen Mörser geben und zerdrücken
1 Esslöffel gehackter Koriander
1 Esslöffel gehackte Petersilie
1 Esslöffel Sojasoße
1 Ei, aufschlagen, in eine kleine Schale geben und verrühren. Man kann auch nur das Eigelb verwenden
Salz
Pfeffer
Öl, zum Braten

So wird es gemacht:

☺ Etwas Öl in einer großen Pfanne erhitzen ➟ Knoblauch dazugeben und kurz dünsten, Hackfleisch dazugeben und braten, bis die Flüssigkeit verdampft ist, dabei umrühren ➟ die restlichen Zutaten **(außer Ei)** dazugeben, gut vermengen und abschmecken ➟ Pfanne zudecken und köcheln lassen, bis die Zutaten gar sind und die Flüssigkeit verdampft ist. zwischendurch umrühren ➟ Pfanne vom Herd nehmen und abkühlen lassen.

☺ Den Teig zu einem großen Fladen ausrollen ➟ mit einer Tasse oder einem Glas (offene Seite) runde Teigkreise ausstechen, dabei etwas nach links und rechts drehen, damit sich der Kreis vom Teig löst.

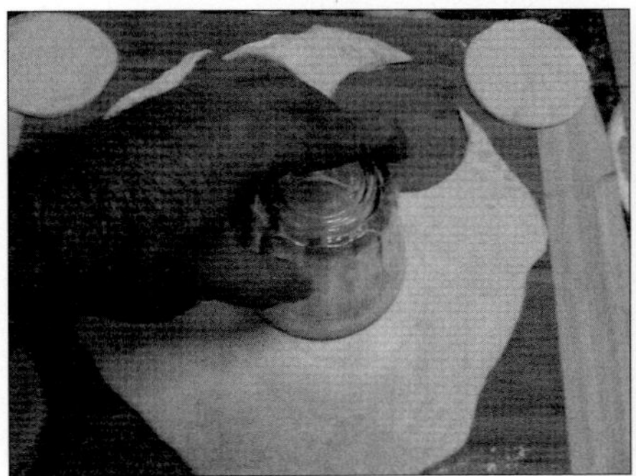

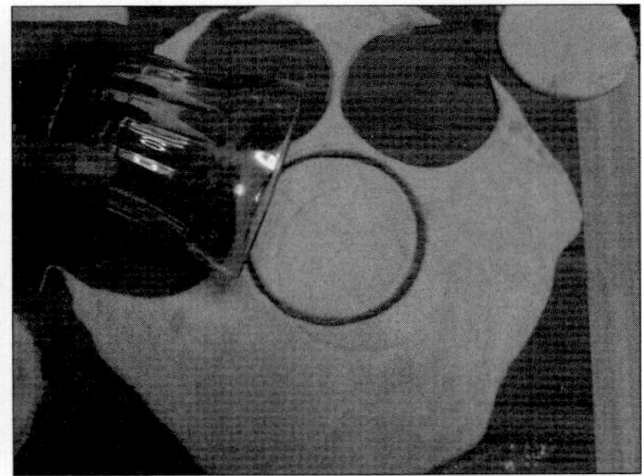

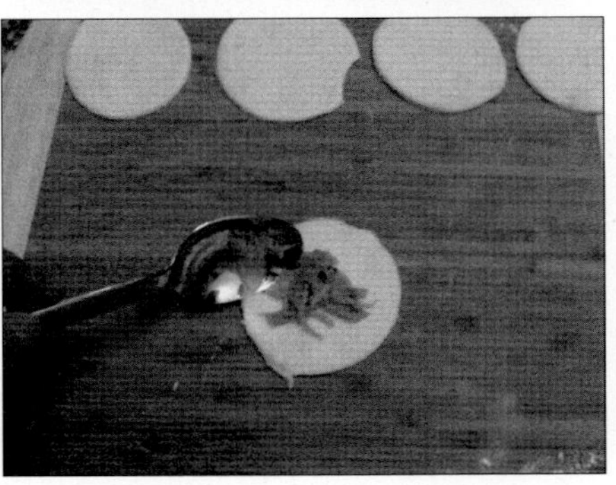

☺ Die Füllung löffelweise in die Mitte des Teigkreises geben. Dann die Kreise rundum mit etwas Ei oder Eigelb bepinseln und zu Halbmonden formen ➟ die Ränder zuerst mit den Fingern zusammen drücken, dann mit der Gabelspitze zusammenpressen, damit die gefüllten Taschen beim Braten nicht aufgehen.

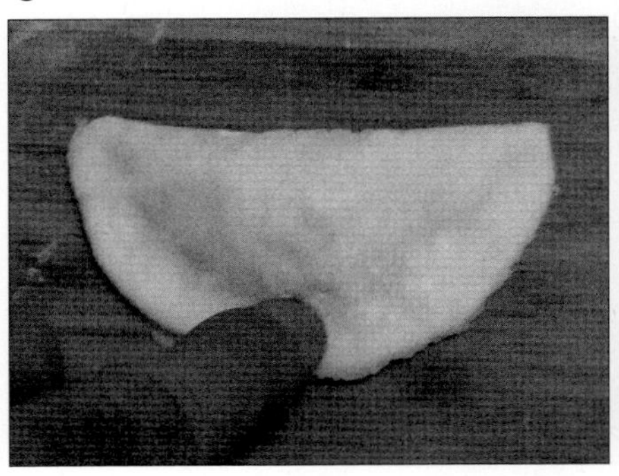

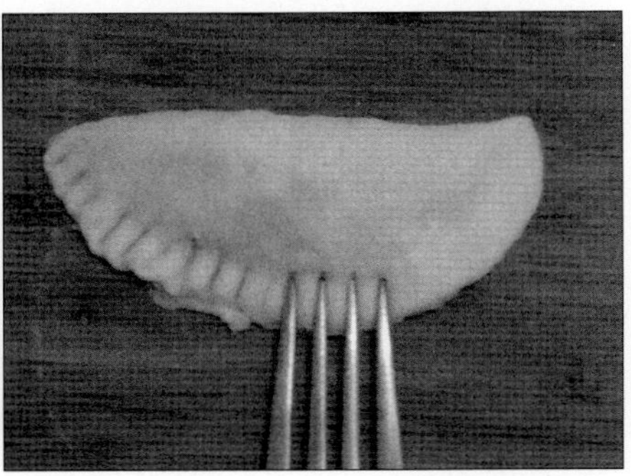

☺ Öl in einer Pfanne erhitzen, die Teigtaschen dazugeben und von beiden Seiten goldbraun braten, aus der Pfanne nehmen, abtropfen lassen und heiß mit Soße (siehe Seite 43) servieren.

❄❄❄❄❄❄❄❄❄❄❄

Tofufüllung

Wer kein Fleisch mag kann, statt Hack, 1 Tofuscheibe verwenden und die restlichen Zutaten, wie auf Seite 25 beschrieben, verwenden:
☺ Tofu in Streifen, dann in Würfel schneiden, in heißem Öl braten, aus der Pfanne nehmen und beiseite stellen.
☺ Knoblauch in die Pfanne geben und kurz dünsten ➟ die restlichen Zutaten **(außer Ei und Tofu)** dazugeben, gut vermengen und abschmecken ➟ Pfanne zudecken und köcheln lassen, bis die Zutaten gar sind und die Flüssigkeit verdampft ist, Tofu untermengen, Pfanne vom Herd nehmen und beiseite stellen.
Weiter bearbeiten wie auf Seite 26 beschrieben.

❄❄❄❄❄❄❄❄❄❄❄

Gemüsefüllung

Zutaten für die Füllung:

2 Kartoffeln, schälen, waschen und in kleine Würfel schneiden. Man kann, statt Kartoffeln, auch Yam oder Cassava verwenden
1 Bund Lauchzwiebeln oder 1 kleine Stange Lauch, fein hacken
1 Tomate, Haut abziehen, halbieren, Samen entfernen und hacken (siehe Seite 15)
1 Knoblauchzehe, schälen und fein hacken
1 kleine, lange, milde Peperoni, Stielansatz abschneiden, der Länge nach halbieren, Samen entfernen und fein hacken. Ersatzweise 1/2 Paprikaschote
Handvoll schwarze Oliven ohne Kerne, hacken
1 Esslöffel gehackte Petersilie
1 Esslöffel Sojasoße
1/2 Teelöffel mildes Paprikapulver
Salz
Pfeffer
Öl

So wird es gemacht:

☺ Füllung vorbereiten:
Etwas Öl in einer Pfanne erhitzen ➟ Kartoffeln in das heiße Öl geben und knusprig braten, dann mit einem Schaumlöffel aus der Pfanne nehmen und beiseite stellen ➟ das überschüssige Öl aus der Pfanne entfernen (es darf ca. 1 Esslöffel Öl in der Pfanne sein) ➟ Lauchzwiebeln oder Lauch, Tomaten, Peperoni, Sojasoße, Knoblauch, Paprikapulver, Salz und Pfeffer in das heiße Öl geben und bei schwacher Hitze dünsten, bis die Zutaten weich sind und die Flüssigkeit fast verdampft ist. Falls beim dünsten die Flüssigkeit völlig verdampft ist, etwas Wasser darüber geben ➟ gebratene

Kartoffeln, Oliven und Petersilie untermengen, mit Salz und Pfeffer abschmecken, Pfanne vom Herd nehmen und abkühlen lassen.

☺ Die Teigtaschen, wie auf Seite 27 beschrieben, weiter bearbeiten.

****

Variante mit Maismehlteig

Zutaten:

Maismehlteig, siehe Seite 25. Beim Teigherstellen, 1 Esslöffel dunklen, braunen Zucker und 1 Esslöffel Butter dazugeben
150 g Hackfleisch, Sorte nach Belieben
1 kleine Zwiebel, schälen und fein hacken
3 bis 4 Stangen Lauchzwiebeln, fein hacken
1 kleine Kartoffel, schälen, waschen und in kleine Würfel schneiden
1 Esslöffel gehackter Koriander
1 Esslöffel gehackte Petersilie
1 Teelöffel süßes Paprikapulver
1/2 Tasse Wasser
Salz
Pfeffer
Öl, zum Braten

So wird es gemacht:

☺ Zutaten vorbereiten:

Etwas Öl in einer Pfanne erhitzen, Hackfleisch dazugeben und braten, bis das Fleisch Farbe annimmt ➡ Tomaten, Zwiebeln, Lauchzwiebeln, Koriander, Petersilie, Paprikapulver, Salz und Pfeffer zum Fleisch geben, gut vermengen und dünsten, bis die Flüssigkeit verdampft ist ➡ Kartoffeln untermengen und 1/2 Tasse Wasser vorsichtig darüber geben, umrühren und köcheln lassen, bis die Kartoffeln gar sind und die Flüssigkeit verdampft ist ➡ Pfanne vom Herd nehmen, abschmecken und abkühlen lassen.

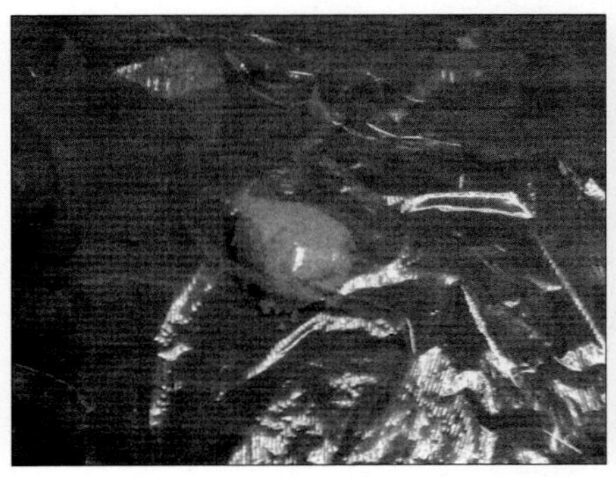

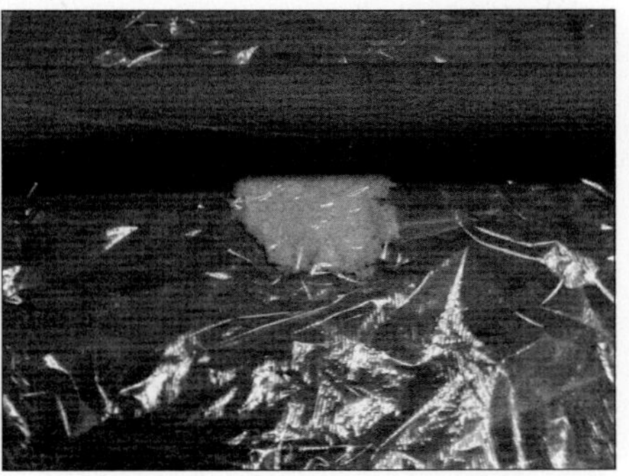

☺ Etwas Teig zwischen den Handflächen zu einer Kugel formen (ca. 5 cm Durchmesser), dann auf eine Plastikfolie geben, eine andere Plastikfolie darauf legen und zu einem runden Fladen rollen ➟ die oberste Folie entfernen, etwas Füllung auf den Fladen geben und zu einem Halbmond formen, dann die Ränder des Halbmonds mit den Fingern zusammendrücken. Auf die gleiche Art, den restlichen Teig herstellen.

☺ Reichlich Öl in einer Pfanne erhitzen, ein paar gefüllte Halbmondkreise in das heiße Öl geben und von beiden Seiten knusprig braten, aus der Pfanne nehmen, abtropfen lassen und servieren.

❄❄❄❄❄❄❄❄❄❄

Maisbrot mit Käse

Zutaten:

1 Tasse Maismehl (helle Sorte)
Ca. 1 Tasse warmes Wasser
1 Esslöffel zerlassene Butter
200 g weißer Käse oder eine Sorte Käse die schnell schmilzt, zum Beispiel Mozzarella oder Feta, zerkleinern
Salz

So wird es gemacht:

☺ Maismehl und etwas Salz in eine Schale geben und gut vermengen ➟ Wasser nach und nach dazugeben und zu einem Teig verkneten ➟ Schale zudecken und ca. 10 Minuten beiseite stellen.

☺ Geriebenen Käse in eine große Schale geben ➟ Maismehlteig mit der Hand über dem Käse zerbröseln, dann die Masse gut verkneten und zu einer länglichen Rolle formen ➟ die Teigrolle in gleichmäßige Stücke schneiden, zu Bällchen formen und mit der Hand oder dem Nudelholz zu flachen Fladen ausrollen.

☺ Etwas Butter in einer Pfanne erhitzen, die Käsefladen dazugeben und von beiden Seiten bei mittlerer Hitze braten, bis die Oberflächen Farbe annehmen und der Käse geschmolzen ist ➟ heiß servieren.

Wer möchte, kann die Fladen von beiden Seiten für ca. 2 Minuten über Holzkohle grillen.

❄❄❄❄❄❄❄❄❄❄❄

Käsebällchen

Zutaten:

200 g weißer Käse, zum Beispiel Fetakäse, zerkleinern
4 Esslöffel Tapiokamehl
3 Esslöffel Maismehl
1 Ei, aufschlagen, in eine kleine Schale geben und verrühren
1 Teelöffel Zucker
Eventuell Salz, falls der Käse nicht so salzig ist
Öl, zum Braten

So wird es gemacht:

☺ Käse in eine Küchenmaschine geben und kurz rühren ➟ beide Mehlsorten, Zucker und etwas Salz dazugeben und ca. 1 Minute weiter rühren, dabei das Ei zugeben, bis der Teig nicht mehr am Rand der Küchenmaschine kleben bleibt.

☺ Reichlich Öl in einer tiefen Pfanne oder einem Topf oder einer Fritteuse erhitzen, dann Herdtemperatur auf mittlere Hitze stellen.

☺ Käseteig zwischen den Handflächen zu Bällchen von ca. 3 cm Durchmesser formen (nicht zusammenpressen) ➠ die Bällchen in das heiße Öl geben und für ca. 1/2 Minute braten, aus der Pfanne nehmen, abtropfen lassen und heiß oder kalt servieren.

❄❄❄❄❄❄❄❄❄❄

Variante 2

Zutaten:

250 g weißer Käse, zum Beispiel Feta, reiben
1/2 Tasse Tapiokamehl
3/4 Tasse Maismehl
1 Ei, aufschlagen, in eine kleine Schale geben und rühren
1 Teelöffel Zucker
Salz

So wird es gemacht:

☺ Alle Zutaten in eine Schale geben und mit einer Küchenmaschine gut verrühren ➠ Schale zudecken und ca. 10 Minuten stehen lassen.

☺ Backofen auf 180°C vorheizen.

☺ Käseteig zu einer länglichen Rolle formen und in gleichmäßige Stücke teilen ➠ jedes Stück zu einer länglichen Rolle formen und die Enden zusammenpressen.

☺ Die geformten Käseteigrollen auf ein Backblech geben und ca. 15 Minuten im Backofen backen, bis die Oberflächen eine helle, goldene Farbe annehmen ➠ heiß servieren.

❄❄❄❄❄❄❄❄❄❄

Maisbällchen

Zutaten:

1 Tasse Maismehl (Sorte Arepa)
1½ Tassen heißes Wasser
1/2 Teelöffel Salz

So wird es gemacht:

☺ Maismehl und Salz in eine Schale geben und gut vermengen, Wasser nach und nach dazugeben und mit einem Holzlöffel gut verrühren, bis die Masse gut verknetet ist, dann den Teig ca. 10 Minuten stehen lassen ➟ den Teig mit der Hand durchkneten und daraus kleine Kugeln formen.
☺ Vor dem Servieren zu Hauptgerichten (zum Beispiel zu Fisch oder Gemüse), reichlich Wasser mit etwas Salz in einen Topf geben und zum brodeln bringen ➟ Maisbällchen in das kochende Wasser geben und ca. 5 Minuten brodeln lassen, mit einem Schaumlöffel aus dem Topf nehmen, abtropfen lassen und heiß als Beilage servieren.

<u>Vermerk:</u>
Nicht zu viele Maisbällchen auf einmal in das kochende Wasser geben.

❄❄❄❄❄❄❄❄❄❄

Fleisch Tamales (Gefüllte Bananenblätter)

Statt Bananenblätter, kann man Maiskolbenblätter oder Silberpapier verwenden.

Zutaten:

1 Hähnchenbrust, in kleine, dünne Streifen schneiden
250 g Fleischstück, in kleine, dünne Streifen schneiden
1 kleine Zwiebel, schälen und hacken
1 kleine, lange, milde Peperoni, Stielansatz abschneiden, der Länge nach halbieren, Samen entfernen und hacken
1 bis 2 Knoblauchzehen, schälen und fein hacken
2 kleine Tomaten, hacken
5 bis 6 Esslöffel Tomaten-Zwiebelsoße (siehe Seite 48)
1/2 Teelöffel Kreuzkümmelpulver oder Kümmelpulver
Salz
Pfeffer
Öl
2 Tomaten, in Scheiben schneiden
1 Zwiebel, schälen und in dünne Scheiben schneiden
Oliven ohne Kerne, in Scheiben schneiden

Zutaten für den Teig:

100 g Maismehl
1½ Tassen Brühe
1 Tomate, fein hacken
2 Esslöffel dunkler, brauner Zucker
1 Teelöffel Kurkuma
1 Esslöffel Öl oder Butter

So wird es gemacht:

☺ Fleisch, etwas Salz und 2 Tassen Wasser in einen Topf geben und kochen lassen, bis das Fleisch gar ist ➟ durch ein Sieb geben und die Brühe in einer Schale auffangen.

☺ 2 gehackte Tomaten, gehackte Peperoni, Knoblauch, Tomaten-Zwiebelsoße, etwas Salz und Pfeffer in eine Küchenmaschine geben und pürieren, Fleisch dazugeben und gut vermengen.

☺ Teig zubereiten:
Brühe in einen Topf geben, braunen Zucker dazugeben und auflösen ➟ Maismehl zum Wasser geben und gut verrühren, dann die restlichen Zutaten dazugeben und gut vermengen ➟ Topf auf den Herd stellen und bei schwacher Hitze kochen lassen, bis die Masse dick wird, dabei umrühren ➟ Topf vom Herd nehmen, kurz abkühlen lassen und für ca. 1 Minute kneten ➟ Teig in ca. 10 Stücke teilen.

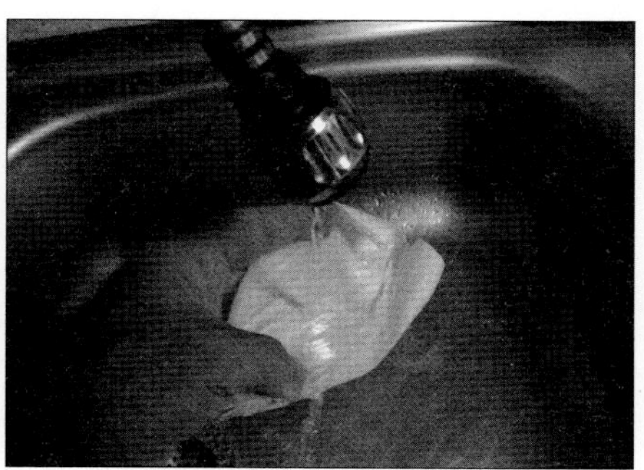

☺ Bananenblätter (in ca. 20x30 cm schneiden) oder Maiskolbenblätter gründlich waschen:

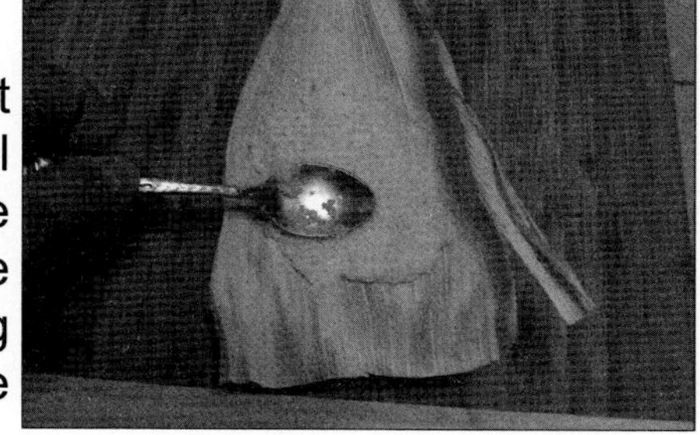

1 Stück Teig auf jedes Blatt geben (vorher mit etwas Öl bepinseln) und die Oberfläche glätten, dann Fleischmasse darauf geben und den Teig damit bedecken, danach eine

Tomaten- und Zwiebelscheibe und Oliven darauf legen.

Blattseiten links und rechts auf die Füllung schlagen, dann die Enden zur Mitte knicken und die Päckchen mit Fäden festbinden.

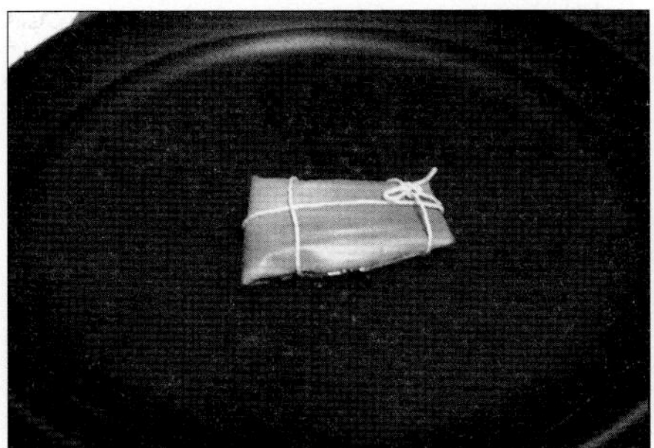
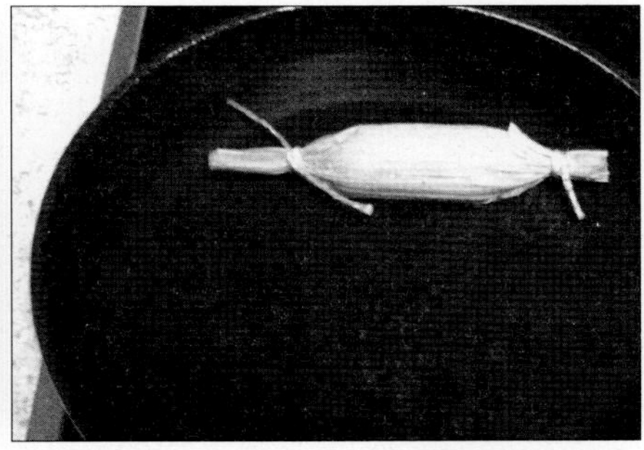

Reichlich Wasser in eine Pfanne geben und bei mittlerer Hitze kochen lassen, die fertig gestellten Bananen– oder Maispäckchen in die Pfanne geben und ca. 1 Stunde garen.
Die gefüllten Blätter aus dem Wasser nehmen, Fäden entfernen, auf Teller geben, die Päckchen aufmachen und servieren.

****

Kürbis Tamales

Zutaten:

Ca. 1½ Tassen Maismehl
150 g Kürbisfruchtfleisch, würfeln
1 Mohrrübe, schälen, der Länge nach halbieren und in dünne Scheiben schneiden
1 Kartoffel, Schälen und in dünne Würfel schneiden
250 g Fleisch, Sorte nach Belieben, in kleine Würfel (ca. 1/2 cm) schneiden
2 große Tomaten, Haut entfernen, halbieren, Samen entfernen und hacken (siehe Seite 15)
4 Schalotten oder 2 große Zwiebeln, schälen und fein hacken
3 bis 4 Knoblauchzehen, schälen, mit etwas Salz in einen Mörser geben und zerdrücken
Salz
Pfeffer
Öl
Bananenblätter oder Maiskolbenblätter. Ersatzweise Alufolie

So wird es gemacht:

☺ Füllung fertig stellen:
Etwas Öl in einer tiefen Pfanne erhitzen ➟ Zwiebeln in das heiße Öl geben und glasig dünsten, Knoblauchpaste und Tomaten dazugeben, gut vermengen und dünsten, bis die Tomaten weich sind ➟ Fleischwürfel untermengen, etwas Wasser darüber geben und köcheln lassen, bis das Fleisch weich ist und viel Flüssigkeit verdampft ist ➟ mit Salz und Pfeffer abschmecken und Pfanne vom Herd nehmen.
☺ Kürbis, etwas Salz und reichlich Wasser in einen Topf geben und kochen lassen, bis das Kürbisfruchtfleisch gar ist ➟ mit Hilfe eines Schaumlöffels, die Kürbisstücke aus dem Wasser nehmen, in eine Schale geben und mit einer Gabel pürieren ➟ Kartoffeln und Mohrrüben in das heiße Wasser geben und gar kochen, durch ein Sieb geben und abtropfen

lassen.

☺ Maismehl und die gleiche Menge an heißem Wasser in eine Schale geben und zu einem weichen Teig verrühren ➠ gekochten Kürbis dazugeben und gut verkneten ➠ Fleischmischung, Kartoffeln und Mohrrüben zum Teig geben und gut verkneten. Falls der Teig sehr flüssig wird, etwas Maismehl dazugeben und kneten ➠ Teig mit Salz und Pfeffer abschmecken und in ca. 10 Stücke teilen.

☺ Bananenblätter in ca. 20x30 cm Stücke schneiden. Man kann auch Maiskolbenblätter oder Alufolie verwenden ➠ 1 Teigteil auf das Bananenblatt geben und etwas glätten (der Teig soll ca. 2½ cm dick sein) ➠ Blattseiten links und rechts auf die Füllung schlagen, dann die Enden zur Mitte knicken und die Päckchen mit Fäden festbinden ➠ reichlich Wasser in eine Pfanne geben und bei mittlerer Hitze kochen lassen, fertig gestellte Bananen– oder Maispäckchen in die Pfanne geben und ca. 40 Minuten garen (siehe auch Seite 36 und 37) ➠ die gefüllten Blätter aus dem Wasser nehmen, Fäden entfernen, auf Teller geben, die Päckchen aufmachen und servieren.

❄❄❄❄❄❄❄❄❄❄

Salate

Quinoasalat

Zutaten:

1 Tasse Quinoa, in ein Sieb geben und unter fliesendem Wasser waschen
1 klein Gurke, schälen, halbieren und in Scheiben schneiden
1 Tomate, halbieren, Samen entfernen und in größere Würfel (ca. 1 cm) schneiden
1 bis 2 Knoblauchzehen, schälen, mit etwas Salz in einen Mörser geben und zerdrücken
1/2 Chilischote, fein hacken
1 Bund Lauchzwiebeln, hacken
2 Esslöffel gehackte Petersilie
Saft einer Zitrone
Salz
Pfeffer
Olivenöl

So wird es gemacht:

☺ Quinoa und reichlich Wasser in einen Topf geben und zum Kochen bringen, dann bei schwacher Hitze ca. 10 Minuten köcheln lassen, bis die Quinoa gar ist, durch ein Sieb geben, abtropfen und abkühlen lassen.
☺ 4 bis 5 Esslöffel Olivenöl in eine große Servierschüssel geben, Zitronensaft, Salz, Pfeffer, Knoblauchpaste und Chili dazugeben und gut vermengen ➟ Gurke und Tomaten untermengen, gekochte Quinoa darüber geben und mit den anderen Zutaten gut vermengen ➟ mit Salz, Pfeffer und Zitronensaft abschmecken und zu Hauptgerichten servieren.

****

Einfacher, gemischter Salat

Zutaten:

1 kleiner Kopfsalat, Blätter waschen, abtropfen lassen und in ca. 2 bis 3 cm Stücke schneiden
1 große Tomate, halbieren, Samen entfernen und in Würfel (ca. 1 cm) schneiden
1 Zwiebel, schälen und hacken
1 kleine Gurke, schälen, halbieren, vierteln und in Würfel schneiden
2 lange, milde Peperoni, Stielansätze abschneiden, der Länge nach halbieren, Samen entfernen und hacken. Ersatzweise 1/2 Paprikaschote
1 Knoblauchzehe, schälen, mit etwas Salz in einen Mörser geben und zerdrücken
1 Esslöffel gehackte Pfefferminzblätter. Ersatzweise 1 Teelöffel getrocknete Pfefferminze
Zitronensaft
Salz
Pfeffer
Olivenöl

So wird es gemacht:

☺ 2 bis 3 Esslöffel Zitronensaft, 4 bis 5 Esslöffel Olivenöl, Knoblauchpaste, Salz und Pfeffer in eine große Servierschale geben und gut verrühren ➡ die restlichen Zutaten zur Soße geben, gut vermengen und zu Hauptgerichten Servieren.

****

Kürbissalat

Zutaten:

250 g Kürbisfruchtfleisch, in ca. 3 cm Würfel schneiden
1 rote Zwiebel, schälen und in dünne Scheiben schneiden
2 bis 3 Esslöffel gehackte Petersilie
3 bis 4 Esslöffel Weinessig
3 bis 4 Esslöffel Olivenöl
Salz
Pfeffer

So wird es gemacht:

☺ Gewürfelten Kürbis in einen Topf geben, mit Wasser bedecken und ca. 15 Minuten kochen lassen, bis er gar ist, dann durch ein Sieb geben, abtropfen und abkühlen lassen.
☺ Zwiebelscheiben, Essig, Olivenöl. Salz und Pfeffer in eine große Servierschale geben und rühren.
☺ Gekochten Kürbis in die Marinade geben, gut vermengen, abschmecken, mit Petersilie bestreuen und servieren.

❊❊❊❊❊❊❊❊❊❊

Soßen und eingelegte Zutaten

Avocadosoße

Zutaten:

2 Avocados, halbieren, Kerne entfernen, schälen und in kleine Würfel schneiden
1 kleine Dose ganze Tomaten, ein feines Sieb über einen kleinen Topf stellen, Doseninhalt durch das Sieb geben und die Tomaten mit einer Gabel durch das Sieb passieren. Man kann die Tomaten auch hacken
1 kleine Chilischote, Stielansatz abschneiden, in Streifen schneiden und hacken. Die Kerne werden auch verwendet (man kann auch Chiliflocken verwenden)
1 kleine Zwiebel, schälen und fein hacken
1 grüne oder rote Paprikaschote, Stielansatz abschneiden, halbieren, Samen entfernen, in Streifen schneiden und hacken
2 bis 3 Esslöffel gehackte Korianderblätter
1 bis 2 Esslöffel Weinessig
Eventuell 2 hart gekochte Eier, Schalen entfernen und hacken
Salz
1 Esslöffel Öl

So wird es gemacht:

☺ Etwas Salz und gehackten Chili mit Samen (oder nur Chiliflocken) in einen Mörser geben und zerdrücken ➟ durch ein feines Sieb geben und in eine größere Schale geben ➟ die restlichen Zutaten dazugeben und gut vermengen ➟ mit

Salz abschmecken und servieren.

****

Avocadopaste

Zutaten:

1 Avocado, halbieren, Kern entfernen, schälen, in Streifen schneiden und hacken
1 Tomate, halbieren, Samen entfernen und hacken
1 grüne, lange, milde Peperoni, Stielansatz abschneiden, der Länge nach halbieren, Samen entfernen und hacken
1 kleine Chilischote, Stielansatz abschneiden, der Länge nach halbieren, Samen entfernen und hacken
1 kleine, rote Zwiebel, schälen und fein hacken. Ersatzweise ein paar Stangen fein gehackte Lauchzwiebeln
Saft einer Limette oder Zitrone
Etwas Weinessig
Salz
Pfeffer
Olivenöl

So wird es gemacht:

☺ Alle Zutaten in eine Servierschale geben und gut vermengen, mit Salz, Pfeffer und Limettensaft abschmecken und zu Hauptgerichten servieren.

****

Zwiebelsoße

Zutaten:

1 große Zwiebel, schälen, halbieren, in feine Streifen schneiden, mit kaltem Wasser abspülen, auspressen und in eine Servierschale geben
1 Knoblauchzehe, schälen, mit etwas Salz in einen Mörser geben und zerdrücken
Saft einer Limette (oder Zitrone)
2 Esslöffel gehackte Korianderblätter
1 scharfe Chilischote, Stielansatz abschneiden, der Länge nach halbieren, Samen entfernen und fein hacken
Salz
Pfeffer

So wird es gemacht:

☺ Alle Zutaten zur Zwiebeln geben, gut vermengen und 1 Tag vor dem Servieren im Kühlschrank aufbewahren.

****

Zitrussoße

Zutaten:

Saft einer Limette
Saft einer Orange
2 bis 3 Knoblauchzehen, schälen, mit etwas Salz in einen Mörser geben und zerdrücken
2 bis 3 Esslöffel Olivenöl
2 Esslöffel gehackte Petersilie
Salz

So wird es gemacht:

☺ Alle Zutaten in eine Servierschale geben und gut verrühren
➡ zu Süßkartoffeln, Kürbis oder Cassava servieren.

****

Knoblauch-Zwiebelpüree

Zutaten:

9 bis 10 Knoblauchzehen, schälen und halbieren
4 mittelgroße, rote und weiße Zwiebeln, schälen und vierteln
1 Bund Lauchzwiebeln, vierteln
1 Bund Petersilie, Blätter waschen
3 bis 4 Esslöffel
1 Teelöffel Salz

So wird es gemacht:

☺ Alle Zutaten nach und nach in eine Küchenmaschine geben und pürieren ➡ in ein Glas geben, gut verschließen und ein paar Tage im Kühlschrank stehen lassen ➡ zu Grillfleisch servieren.

****

Scharfe Chilisoße

Zutaten:

1 rote, scharfe Chilischote, Stielansatz abschneiden, der Länge nach halbieren, Samen entfernen und grob hacken
2 bis 3 rote, milde, lange Peperoni, Stielansätze abschneiden, der Länge nach halbieren, Samen entfernen und grob hacken
100 bis 120 ml Weinessig
1/2 Tasse Wasser
1 kleine, rote Zwiebel, schälen und fein hacken
1 Bund Lauchzwiebeln, in Scheiben schneiden oder hacken
2 Esslöffel gehackte Korianderblätter
2 bis 3 Esslöffel Olivenöl
1 Teelöffel Zucker
Salz
Pfeffer

So wird es gemacht:

☺ Chilis, Wasser und Essig in eine Küchenmaschine geben und pürieren, die restlichen Zutaten dazugeben und gut vermengen ➟ Chilisoße in eine Schale geben, zudecken und ein paar Stunden stehen lassen, dann gut vermengen und zu Hauptgerichten servieren.

****

Variante 2

Zutaten:

8 bis 10 scharfe Chilis, Stielansätze abschneiden, der Länge nach halbieren, Samen entfernen und grob hacken
1 große Tomate, Haut mit einem scharfen Messer anritzen, in eine Schale geben, mit kochendem Wasser überbrühen, ca. 5 Minuten stehen lassen, dann Haut abziehen, halbieren, Samen entfernen und hacken
1 bis 2 Knoblauchzehen, schälen und grob hacken
Saft einer Limette
Ein paar Esslöffel Öl

So wird es gemacht:

☺ Chilis, Tomaten und Knoblauch in eine Küchenmaschine geben und pürieren.
☺ Öl in einer Pfanne erhitzen ➟ Chilipüree dazugeben und bei mittlerer Hitze ca. 10 Minuten dünsten **„Vorsicht beim dünsten, die Dämpfe nicht einatmen, auch das heiße Öl nicht mit der Haut in Kontakt kommen lassen“**.
☺ Chilisoße in eine Servierschale geben, mit etwas Limettensaft beträufeln, etwas Öl darüber geben und servieren.

****

Tomaten-Zwiebelsoße

Zutaten:

3 bis 4 mittelgroße Tomaten, Haut mit einem scharfen Messer anritzen, in eine Schale geben, mit kochendem Wasser überbrühen, ca. 5 Minuten stehen lassen, dann Haut abziehen, halbieren, Samen entfernen und fein hacken
2 kleine, rote Zwiebeln, schälen und fein hacken
1 Bund Lauchzwiebeln, hacken oder in Scheiben schneiden
1 bis 2 Knoblauchzehen, schälen, mit etwas Salz in einen Mörser geben und zerdrücken
1 lange, milde Peperoni, Stielansatz abschneiden, der Länge nach halbieren, Samen entfernen und hacken
1 bis 2 Esslöffel gehackte Korianderblätter
Salz
Pfeffer
2 bis 3 Esslöffel Olivenöl

So wird es gemacht:

☺ Öl in einen kleinen Topf geben und erhitzen ➟ die restlichen Zutaten dazugeben und bei mittlerer Hitze ca. 10 Minuten kochen lassen, bis die Masse weich ist.
☺ Die Soße in eine Servierschale geben, abkühlen lassen und zu Hauptgerichten servieren.
Man kann die Soße ein paar Tage im Kühlschrank aufbewahren.
Diese Soße wird auch beim Kochen von Fleischrezepten dazugegeben.

****

Kräutersoße

Zutaten:

1 Bund Koriander, Blätter waschen
2 bis 3 Bunde Petersilie, Blätter waschen
1 Bund Lauchzwiebeln, hacken
2 bis 3 Knoblauchzehen, schälen und hacken
Saft einer Limette
100 ml Olivenöl
Salz
Pfeffer

So wird es gemacht:

☺ Alle Zutaten in eine Küchenmaschine geben und pürieren ➠ mit Salz, Pfeffer und Limettensaft abschmecken ➠ zu Grillfleisch servieren.

****

Maissoße

Zutaten:

1 Tasse frische Maiskörner
1/2 Tasse Milch und Sahne
1 Lauchzwiebel, nur den weißen Teil hacken.
Ersatzweise 1 kleine Schalotte
Salz
Pfeffer
Ca. 1 Esslöffel ungesalzene Butter

So wird es gemacht:

☺ Maiskörner und etwas Milch und Sahne in eine Küchenmaschine geben und pürieren, dann die restliche Milch und Sahne dazugeben und kurz rühren. ➠

☺ Butter in einer kleinen Pfanne erhitzen, Lauchzwiebeln oder Schalotten dazugeben und weich dünsten ➠ Maispüree, Salz und Pfeffer dazugeben, gut vermengen und köcheln lassen, bis die Soße dick wird. Falls die Soße sehr dickflüssig ist, etwas Milch oder Sahne dazugeben ➟ Soße in eine Servierschale geben, mit süßem Paprikapulver garnieren und zu Hauptgerichten servieren.

****

Eingelegte Auberginen

Dieser Art Auberginen einzulegen haben die libanesischen Einwanderer in Südamerika verbreitet. Mit der Zeit wurde das ursprüngliche Rezept verändert.

Zutaten:

4 kleine oder 1 mittelgroße Aubergine, in Würfel schneiden, in ein Sieb geben, mit Salz bestreuen und ein paar Stunden stehen lassen, damit die bitteren Säfte austropfen können
1 Zwiebel, schälen und in dünne Scheiben schneiden
3 bis 4 Knoblauchzehen, schälen, mit etwas Salz in einen Mörser geben und zerdrücken
1/2 Teelöffel Pfefferkörner
1 Teelöffel Oregano
Chilipulver, Menge nach Geschmack
1/2 Tasse Olivenöl
4 bis 5 Esslöffel Essig
2 Tassen Wasser
Ein paar Esslöffel Petersilienblätter
1/2 Teelöffel Zucker
Salz
Pfeffer

So wird es gemacht:

☺ Auberginen unter fliesendem Wasser abspülen und in einen Topf geben ➟ Wasser, Zwiebeln, Knoblauchpaste, Pfefferkörner, Oregano, Chilipulver, Essig, etwas Salz und Pfeffer zu den Auberginen geben und bei mittlerer Hitze kochen lassen, bis ein Viertel des Wassers verdunstet ist und die Auberginen gar sind ➟ Topf vom Herd nehmen und abkühlen lassen.

☺ Die gekochten Auberginen und die im Topf befindlichen Zutaten in ein Glas geben, Öl darüber geben, Glas zuschließen und 1 Woche im Kühlschrank aufbewahren.
☺ Zum Servieren, Glas rechtzeitig aus dem Kühlschrank nehmen, den Inhalt in eine Servierschale geben, mit Petersilie garnieren und zu Hauptgerichten servieren.

✳✳✳✳✳✳✳✳✳✳

Eingelegter Fisch

Zutaten:

500 g Fischfilets
2 lange, milde Peperoni (rot und grün), Stielansätze abschneiden, der Länge nach halbieren, Samen entfernen und in feine Streifen schneiden
1 Zwiebel, schälen, halbieren und in dünne Streifen schneiden
2 Knoblauchzehen, schälen und fein hacken
1 Esslöffel gehackter Thymian
2 Esslöffel gehakte Petersilie
Ein paar Pfefferkörner, grob zerdrücken
Zitronensaft
1/4 Tasse Wasser oder Brühe
1/2 Tasse Weinessig
Salz
Pfeffer

So wird es gemacht:

☺ Zitronensaft, etwas Salz und Pfeffer auf einen Teller geben, Fischfilets dazugeben, in der Marinade wälzen und für ca. 1 Stunde kühl lagern. Zwischendurch wenden ➡ Fischfilets in ca. 2 cm Würfel schneiden und beiseite stellen.
☺ Öl in eine tiefe Pfanne geben und erhitzen ➡ Zwiebeln und Peperoni dazugeben und 3 bis 4 Minuten dünsten, dabei umrühren ➡ Brühe und Essig vorsichtig dazugeben, dann die restlichen Zutaten (ohne Fischstücke) dazugeben, umrühren und zum Kochen bringen ➡ Fischstücke dazugeben und bei

schwacher Hitze 5 bis 6 Minuten köcheln lassen ➡ Pfanne vom Herd nehmen und abkühlen lassen.

☺ Fischstücke mit einem Schaumlöffel aus der Pfanne nehmen und in ein verschließbares Glas geben, abkühlen lassen, dann das Glas zuschließen und über Nacht im Kühlschrank aufbewahren.

Serviert wird der eingelegte Fisch bei Zimmertemperatur.

****

Old Bay
Amerikanische Gewürzmischung

Die Gewürzmischung Old Bay stammt aus Maryland - USA, mit der Zeit wurde diese Mischung in Südamerika sehr beliebt, außerdem hat Old Bay in der Küchen rund um die Welt seinen Platz gefunden. In Deutschland ist diese Gewürzmischung bis jetzt unbekannt.

Old Bay besteht aus:

Schwarzer Pfeffer, Muskat, Nelkenpulver, Ingwerpulver, Paprikapulver, Chilipulver, Kardamompulver, Lorbeerblätter, Senfpulver und Selleriesalz.

Diese Mischung kann man selber herstellen.

****

Suppen

Tomatensuppe

Zutaten:

3 große Tomaten, enthäuten und hacken, siehe Seite 15
1 kleine Dose Tomatenmark, in 1 Tasse warmem Wasser auflösen
500 g Fischfilets, in kleine Würfel schneiden (ca. 2 cm), waschen und abtropfen lassen
Ein paar kleine Fische oder Fischköpfe
250 g Muscheln, gründlich waschen. Nur geschlossene Muscheln verwenden
2 bis 3 Knoblauchzehen, schälen, mit etwas Salz in einen Mörser geben und zerdrücken
1 Zwiebel, schälen, halbieren und in dünne Streifen schneiden
1 lange, milde Peperoni, Stielansatz abschneiden, der Länge nach halbieren, Samen entfernen und hacken
1 bis 2 Esslöffel gehackte Petersilie
1 bis 2 Esslöffel gehackter Koriander
1 Teelöffel Kurkumapulver
Chilipulver, Menge nach Geschmack
1 Teelöffel Senfpulver
Ein Prise Kardamompulver
Zitronen- oder Limettensaft
Salz
Pfeffer
Öl

So wird es gemacht:

☺ Fischfilets und die kleinen Fische in eine Schale geben, Knoblauchpaste dazugeben und für ca. 15 Minuten stehen lassen.

☺ Etwas Öl in einen Topf geben, Zwiebelstreifen dazugeben und glasig dünsten, Peperoni untermengen und kurz dünsten ➟ aufgelöstes Tomatenmark und Gewürze dazugeben, umrühren und 2 bis 3 Minuten köcheln lassen ➟ gehackte Tomaten, Fische oder Fischköpfe und Muscheln dazugeben, umrühren und 6 bis 7 Tassen Wasser darüber geben ➟ Topf zudecken, kurz zum Kochen bringen, dann bei mittlerer Hitze ca. 1/2 Stunde köcheln lassen ➟ Fischköpfe oder die kleinen Fische aus der Suppe nehmen ➟ Fischfilets in die Suppe geben, abschmecken und ca. 5 bis 6 Minuten kochen lassen, Petersilie und Koriander untermengen und eine weitere Minute kochen lassen, mit Salz und Pfeffer abschmecken, in eine Servierschale geben und heiß servieren. Die Muscheln, die beim Kochen nicht aufgehen, aus der Suppe entfernen. ➟ Limetten– oder Zitronensaft extra zur Suppe servieren.

❂❂❂❂❂❂❂❂❂❂❂

Gewürzte Milchsuppe

Zutaten:

2 Tassen Milch
3 Tassen Wasser
1 Knoblauchzehe, schälen und vierteln
1 Bund Lauchzwiebeln, hacken
2 Esslöffel gehackter Koriander
1 Esslöffel gehackte Petersilie
Eier, nach Anzahl der Mitesser
Salz
Pfeffer

So wird es gemacht:

☺ Wasser, Milch, Knoblauch, 1 Esslöffel gehackter Koriander, 1 Esslöffel gehackte Petersilie und 1 Esslöffel gehackte Lauchzwiebeln in einen Topf geben und die Suppe mit Salz und Pfeffer abschmecken ➟ kurz zum Kochen bringen, dann bei schwacher Hitze 10 bis 15 Minuten köcheln lassen.

☺ Ein Sieb über eine große Schale geben ➟ die Suppe durch das Sieb geben ➟ die durchsiebte Suppe wieder in den Topf geben, auf die Kochplatte stellen und bei mittlerer Hitze zum Kochen bringen ➟ die Eier einzeln aufschlagen, in eine kleine Schale geben und langsam in die Suppe geben und ca. 1 bis 2 Minuten kochen lassen, bis die Eier fest sind.
☺ Die restlichen Lauchzwiebeln und Koriander in eine Servierschale geben ➟ die hart gekochten Eier aus dem Topf nehmen und in die Schale geben, dann die Suppe darüber geben und heiß mit getoastetem Brot servieren.

❂❂❂❂❂❂❂❂❂❂

Linsensuppe

Zutaten:

250 g geschälte, rote Linsen, waschen und abtropfen lassen (diese Sorte löst sich beim Kochen). Falls man dunkle Linsen verwenden möchte, sollte man sie vorher waschen und über Nacht in Wasser stehen lassen
1 Kochbanane, in Scheiben von ca. 1 cm schneiden
Ca. 150 g Kartoffeln, schälen und in kleine Würfel schneiden
1 Tasse Kokosnussmilch
1 geräucherter Fisch (ca. 100 g), Haut entfernen und das Fleisch von den Gräten lösen und zerkleinern
1 Esslöffel gehackter Koriander
1 lange, milde Peperoni, Stielansatz abschneiden, der Länge nach halbieren, Samen entfernen und hacken
1/2 Teelöffel Kurkuma
2 Tomaten, hacken
1 Zwiebel, schälen und hacken
1 Knoblauchzehe, schälen und hacken
1 bis 2 Stangen Lauchzwiebeln, hacken
Ein Prise Zucker
Chilipulver, Menge nach Geschmack
Salz

Pfeffer
Öl oder Butter

So wird es gemacht:

☺ Etwas Öl oder Butter in einen großen Topf geben und erhitzen ➟ Zwiebeln dazugeben und glasig dünsten, Tomaten, Kurkuma, Lauchzwiebeln, Knoblauch, Peperoni, Zucker, Chilipulver, Salz und Pfeffer dazugeben, gut vermengen und ein paar Minuten köcheln lassen, bis die Flüssigkeit verdampft ist ➟ Linsen dazugeben und gut vermengen, Kokosnussmilch und ca. 3 Tassen Wasser darüber geben, Topf zudecken und zum Kochen bringen, dann bei schwacher Hitze ca. 20 Minuten köcheln lassen ➟ Kochbananen, Kartoffeln und Fischstücke dazugeben und köcheln lassen, bis sie gar sind ➟ abschmecken, Koriander untermengen und ein paare Minuten bei geöffnetem Topf köcheln lassen ➟ heiß, eventuell mit gekochtem Reis servieren.

❂❂❂❂❂❂❂❂❂❂❂

Ochsenschwanzsuppe

Zutaten:

1 kg Ochsenschwanz, in Stücke schneiden, waschen und abtropfen lassen
2 Maiskolben, in Ringe schneiden
1 Kochbanane, Schale entfernen und in Scheiben schneiden (ca. 1 bis 1½ cm dick)
250 g Kürbisfruchtfleisch, in kleine Würfel schneiden
250 g Cassava, schälen und in ca. 4 bis 5 cm Würfel schneiden, waschen und abtropfen lassen. Ersatzweise Kartoffeln
1 Bund (oder weniger) Koriander, Blätter waschen und hacken
1 Teelöffel Paprikapulver
2 Tomaten, hacken
1 Zwiebel, schälen und hacken
1 Knoblauchzehe, schälen und hacken

1 bis 2 Stangen Lauchzwiebeln, hacken
Ein Prise Zucker
Chilipulver, Menge nach Geschmack
Salz
Pfeffer
Öl oder Butter

So wird es gemacht:

☺ Etwas Öl oder Butter in einem Topf erhitzen ➟ Ochsenschwanzstücke dazugebe und ein paar Minuten braten, bis sie Farbe annehmen ➟ Koriander, Paprikapulver, etwas Salz und Pfeffer darüber geben und umrühren ➟ ca. 2 Liter Wasser darüber gießen, Topf zudecken und zum Kochen bringen, dann bei schwacher Hitze ca. 1 Stunde köcheln lassen, bis das Fleisch sehr gar ist.
☺ Kochbanane, Mais und Cassava (oder Kartoffeln) zu der Suppe geben und ca. 10 bis 15 Minuten köcheln lassen. Danach den Kürbis, Prise Zucker, Tomaten, Zwiebeln, Lauchzwiebeln und Chilipulver dazugeben, umrühren und köcheln lassen, bis die Gemüse gar sind ➟ die Suppe abschmecken und heiß servieren. Man kann dazu Reis als Beilagen servieren.

✪✪✪✪✪✪✪✪✪✪✪

Pansensuppe

Zutaten:

250 g Pansen, gründlich waschen, in ca. 2 cm Stücke schneiden und in eine Schale geben, ca. 1 Esslöffel Zitronensaft und ein paar Zitronenscheiben darüber geben, mit Wasser bedecken und ca. 30 Minuten stehen lassen. Danach durch ein Sieb geben und abtropfen lassen
150 g Ochsenschwanz, in Stücke schneiden, waschen und abtropfen lassen
150 g Fleischstück, in kleine Würfel schneiden, waschen und abtropfen lassen
1 spanische oder türkische Gewürzwurst
2 bis 3 Kartoffeln, schälen und in Würfel schneiden
150 g Yam, schälen und in Würfel schneiden
Ca. 100 g Weiß- oder Rotkohl, in Streifen schneiden, waschen und abtropfen lassen
2 Tomaten, hacken
1 Zwiebel, schälen und hacken
2 bis 3 Knoblauchzehen, schälen und hacken
1 Teelöffel Kümmelpulver
1 Bund Petersilie, Blätter waschen und grob hacken
1/2 Bund Koriander, Blätter waschen und hacken
Ein Prise Zucker
Chilipulver, Menge nach Geschmack
Salz
Pfeffer

So wird es gemacht:

☺ 4 bis 5 Tassen Wasser in einen Topf geben ➡ Pansen, Ochsenschwanz, Fleisch und Wurst in das Wasser geben und zum Kochen bringen, etwas Salz, Paprikapulver und Kümmel dazugeben, umrühren, Topf zudecken und köcheln lassen, bis die Fleischstücke gar sind.

☺ Ein Sieb über einen Topf stellen ➡ Topfinhalt durch das Sieb geben, abtropfen lassen und die Brühe beiseite stellen.

☺ Die im Sieb befindlichen Zutaten abkühlen lassen, dann die Wurst und Fleischstücke rausnehmen und zur Brühe geben ➟ das Fleisch vom Ochsenschwanz lösen und zur Brühe geben ➟ Kartoffeln, Yam, Kohl, Prise Zucker, Tomaten, Zwiebeln, Knoblauch und Chilipulver dazugeben, umrühren und kochen lassen, bis die Gemüse gar sind ➟ Koriander und Petersilie untermengen, mit Salz und Pfeffer abschmecken und heiß servieren.

❂❂❂❂❂❂❂❂❂❂❂

Hühnersuppe

Zutaten:

1 kleines Hähnchen, waschen und abtropfen lassen
10 Kartoffeln, verschiedene Sorten, schälen, halbieren, vierteln und in Würfel schneiden
1 Schalotte, schälen und vierteln
1 bis 2 Maiskolben, in Scheiben schneiden
1 Bund Lauchzwiebeln
1 Esslöffel gehackter Koriander
2 bis 3 Lorbeerblätter
1 bis 2 Esslöffel eingelegte Kapern
Sahne
Salz
Pfeffer

So wird es gemacht:

☺ 1½ bis 2 Liter Wasser in einen Topf geben, Hähnchen, Schalotten, Lauchzwiebeln, Koriander, Lorbeerblätter, Salz und Pfeffer dazugeben und kochen lassen, bis das Fleisch gar ist.
☺ Das Hähnchen aus der Brühe nehmen und beiseite stellen.
☺ Die Brühe durch ein Sieb geben und in einem Topf auffangen.

☺ Das abgekühlte Hähnchen auseinander nehmen, das Fleisch vom Knochen lösen, zerkleinern und zur Brühe geben ➟ Kartoffeln, Maiskolben, Kapern und etwas Sahne dazugeben, Kochen lassen, bis die Gemüse gar sind ➟ abschmecken und heiß servieren

❂❂❂❂❂❂❂❂❂❂❂

Bohnensuppe

Zutaten:

150 g Saubohnen oder eine andere, dunkle Bohnensorte, waschen
250 g Fleischstück, in kleine Würfel schneiden (ca. 3 bis 4 cm), waschen und abtropfen lassen
1 Maiskolben, in Scheiben schneiden
100 g Cassava oder Kartoffeln, schälen und in kleine Würfel schneiden
200 g Yam, schälen und in kleine Würfel schneiden
1 Kochbanane, schälen und in Scheiben schneiden
2 Knoblauchzehen, schälen, mit etwas Salz in einen Mörser geben und zerdrücken
1 rote Zwiebel, schälen und hacken
1 große Tomate, enthäuten (siehe Seite 15) und hacken
1 kleine Chilischote, Stielansatz abschneiden, der Länge hach halbieren, Samen entfernen und hacken
1 Teelöffel Paprikapulver
1/2 Teelöffel Kurkuma
Salz und Pfeffer
Öl

So wird es gemacht:

☺ Bohnen in einen Topf geben, reichlich Wasser darüber gießen, über Nacht stehen lassen, dann durch ein Sieb geben und abtropfen lassen.
☺ Die Bohnen ohne Salz in einen Topf geben, ca. 2 Liter Wasser darüber gießen und kochen lassen, bis die Bohnen gar sind. Das kann bis zu einer Stunde dauern.

☺ Etwas Öl in einer Pfanne erhitzen, Fleischwürfel dazugeben und knusprig braten, aus der Pfanne nehmen und zu den Bohnen geben.
☺ In der gleichen Pfanne Zwiebeln glasig dünsten, Knoblauchpaste und Tomaten untermengen und kurz dünsten, dann die restlichen Zutaten dazugeben, gut vermengen, ein paar Minuten dünsten, dann zur Suppe geben und kochen lassen, bis die Gemüse gar sind ➟ die Suppe mit Salz und Pfeffer abschmecken und heiß servieren.
Vermerk:
Zum besseren Geschmack kann gehackter Koriander zur Suppe gegeben werden, bevor die Gemüse gar sind.

✪✪✪✪✪✪✪✪✪✪✪

Cassavasuppe

Zutaten:

250 g Cassava, schälen, halbieren, dann vierteln und in ca. 4 bis 5 cm Stücke schneiden
3 bis 4 Kartoffeln, schälen, waschen und halbieren
1 Mohrrübe, schälen, der Länge nach halbieren und vierteln
1 kleines Hähnchen, in 4 Teile schneiden, waschen und abtropfen lassen
1 Bund Lauchzwiebeln, hacken
2 Schalotten oder Zwiebeln, schälen und vierteln
2 Knoblauchzehen, schälen und fein hacken
1 Esslöffel gehackter Koriander
Einige Korianderblätter, zum Garnieren
1 Kochbanane, schälen und in ca. 1 bis 1½ cm dicke Scheiben schneiden
2 Esslöffel Tomaten-Zwiebelsoße, siehe Seite 48
1 Teelöffel Kurkuma
Salz
Pfeffer

So wird es gemacht:

☺ Hähnchenteile in einen großen Topf geben, Salz, Pfeffer, Lauchzwiebeln, gehackten Koriander, Kurkuma, Zwiebeln oder Schalotten und ca. 2½ Liter Wasser darüber geben, umrühren und kochen lassen, bis das Fleisch gar ist ➠ Hähnchenteile mit einem Schaumlöffel aus der Brühe nehmen und abkühlen lassen.

☺ Tomatenzwiebelsoße, Möhren, Kochbananen, Cassava, Kartoffeln und Knoblauch zur Suppe geben, umrühren, abschmecken und bei mittlerer Hitze kochen lassen, bis die Gemüse gar sind.

☺ Hähnchenfleisch vom Knochen lösen, zerkleinern und zur Suppe geben, ein paar Minuten kochen lassen, dann in eine Servierschale geben, mit Salz und Pfeffer abschmecken, Korianderblätter darauf verteilen und servieren.

Man kann gekochten Reis dazu servieren.

✿✿✿✿✿✿✿✿✿✿

Arracachasuppe

Beschreibung, siehe Seite 78

Zutaten:

500 g Arracacha, schälen und in kleine Würfel schneiden
1 Hühnerbrust, vierteln
1 Liter Wasser
1 Becher Sahne
2 Knoblauchzehen, schälen, mit etwas Salz in einen Mörser geben und zerdrücken
1 Teelöffel Kreuzkümmel oder Kümmel
Salz
Pfeffer
Toastbrot, toasten und würfeln

So wird es gemacht:

☺ Alle Zutaten in einen Topf geben, Topf zudecken und kochen lassen, bis die Gemüse gar sind ➡ Hühnerbrust mit einem Schaumlöffel aus der Suppe nehmen, in Würfel schneiden und beiseite stellen.

☺ Die Suppe in eine Küchenmaschine geben und pürieren, dann wieder in den Topf geben, Hühnerwürfel untermengen, abschmecken und bei schwacher Hitze ein paar Minuten köcheln lassen.

☺ Die Suppe in Servierschalen geben, mit getoasteten und zerkleinerten Brotscheiben garnieren und servieren.

Hülsenfrüchte, Reis- und vegetarische Gerichte

Reis kochen

Variante 1

Zutaten:

1 Tasse Langkornreis
1 Teelöffel Salz
2 Tassen Wasser

So wird es gemacht:

☺ Reis mit kaltem Wasser waschen und in einen Topf geben ➟ 2 Tassen kaltes Wasser darüber gießen ➟ Salz dazugeben ➟ kurz aufkochen lassen ➟ auf kleiner Flamme köcheln lassen, bis die Flüssigkeit verdampft und der Reis gar und trocken ist (ca. 20 Minuten) ➟ heiß servieren.

****

Variante 2

Zutaten:

1 Tasse Langkornreis
1 Teelöffel Salz
2 Esslöffel Öl oder Butter
2 Tassen Wasser

So wird es gemacht:

☺ Reis mit kaltem Wasser waschen und in einem Sieb abtropfen lassen.

☺ Öl oder Butter in einem Topf erhitzen ➟ Reis dazugeben ➟ unter Rühren 2 bis 3 Minuten anrösten ➟ 2 Tassen kaltes Wasser und Salz dazugeben ➟ umrühren und kurz aufkochen lassen ➟ bei schwacher Hitze 20 bis 25 Minuten garen, bis die Flüssigkeit verdampft und der Reis gar und trocken ist ➟ heiß servieren.

✻✻✻✻✻✻✻✻✻✻✻

Variante 3

Zutaten:

1 Tasse Langkornreis
1 bis 2 Teelöffel Salz
2 Tassen Hühnerbrühe

So wird es gemacht:

☺ Diese Variante wird wie „Grundrezept-Variante 2", siehe Seite 63, gekocht, statt Wasser wird Hühnerbrühe zum Reis gegeben.

✻✻✻✻✻✻✻✻✻✻✻

Kokosnussreis

Zutaten:

1 Tasse Langkornreis, waschen und abtropfen lassen
2 Tassen Kokosnussmilch, siehe Seite 11 bis 13
2 Esslöffel brauner Zucker
Salz

So wird es gemacht:

☺ 1 Tasse Kokosnussmilch und Zucker in einen Topf geben und umrühren, bis der Zucker aufgelöst ist, dabei bei mittlerer Hitze ca. 15 Minuten köcheln lassen, bis die Masse dickflüssig wird ➟ die restliche Kokosnussmilch dazugeben und rühren ➟ Reis und 1 Teelöffel Salz dazugeben, umrühren, Topf zudecken und kurz zum Kochen bringen, dann bei sehr schwacher Hitze 15 bis 20 Minuten köcheln lassen, bis der Reis gar und trocken ist ➟ den Reis mit einer Gabel lockern, in eine Servierschale geben und zu Hauptgerichten servieren.

****

Reis mit Peperoni

Zutaten:

1 Tasse Langkornreis, waschen und abtropfen lassen
2 lange, milde Peperoni, Stielansätze abschneiden, der Länge nach halbieren, Samen entfernen und hacken
1 kleine Zwiebel, schälen und hacken
1 Knoblauchzehe, schälen, mit etwas Salz in einen Mörser geben und zerdrücken
Salz
Öl

So wird es gemacht:

☺ 1 Esslöffel Öl in einem Topf erhitzen, Zwiebeln, Peperoni und Knoblauchpaste dazugeben und dünsten, bis sie weich sind, Reis dazugeben und gut vermengen, dann 2 Tassen Wasser und 1 Teelöffel Salz dazugeben, umrühren, Topf zudecken und kurz zum Kochen bringen, dann bei schwacher Hitze (ca. 15 bis 20 Minuten) köcheln lassen, bis der Reis gar und trocken ist ➟ heiß zu Hauptgerichten servieren.

****

Hähnchen mit Reis

Zutaten:

1 Hähnchen, waschen und abtropfen lassen. Man kann auch Hähnchenbrust und –schenkel verwenden
1 Zwiebel, schälen und vierteln
1 Mohrrübe, in Scheiben schneiden
1 Esslöffel Korianderblätter
2 lange, milde Peperoni, halbieren
4 bis 5 Knoblauchzehen, schälen, mit etwas Salz in einen Mörser geben und zerdrücken
1 Teelöffel Kurkuma
1 Teelöffel Pfefferkörner
2 Tassen Langkornreis, waschen und abtropfen lassen
1 kleine Dose Tomatenmark
1 Knoblauchzehe, schälen und hacken
1 Zwiebel, schälen, halbieren und in Scheiben schneiden
2 Esslöffel Sojasoße
1 Teelöffel Zucker
1/2 Teelöffel Kurkuma
1/2 Bund Koriander, Blätter waschen und hacken
Verschiedene Gemüsesorten, ja nach Saison:
  2 kleine Mohrrüben, schälen und in dünne Scheiben schneiden
  1 Tasse frische Erbsen
  1 Tasse zerkleinerte, grüne Bohnen
Salz
Pfeffer
Öl

So wird es gemacht:

☺ Knoblauchpaste, 1 Esslöffel Korianderblätter, 1 Teelöffel Kurkuma, 1 Teelöffel Pfefferkörner, geviertelte Zwiebel, Mohrrübenscheiben und Salz in eine Schale geben und gut vermengen.

☺ Hähnchen in einen Topf geben und mit Wasser bedecken, Gewürzmischung dazugeben und kochen lassen, bis das Fleisch gar ist ➡ Hähnchen aus der Brühe nehmen, abkühlen lassen, dann das Fleisch vom Knochen lösen, zerkleinern und beiseite stellen.
☺ Hühnerbrühe durch ein Sieb geben und in einer Schale auffangen.
☺ Tomatenmark in ca. 1 Tasse Hühnerbrühe auflösen.
☺ Etwas Öl in einem großen Topf erhitzen ➡ die verschiedenen Gemüsesorten dazugeben und bei mittlerer Hitze 3 bis 4 Minuten dünsten ➡ gehackten Knoblauch, Zwiebelscheiben, gehackten Koriander, Sojasoße, Zucker, Kurkuma, Salz und Pfeffer dazugeben und gut vermengen ➡ aufgelöstes Tomatenmark dazugeben, gut vermengen und ein paar Minuten köcheln lassen ➡ 3 Tassen Brühe zum Gemüse geben, dann den Reis dazugeben, umrühren, Topf zudecken und kurz zum Kochen bringen, dann bei schwacher Hitze ca. 20 Minuten (je nach Reissorte) köcheln lassen, bis der Reis gar und trocken ist ➡ den Reis mit einer Gabel lockern, dann die zerkleinerten Fleischstücke dazugeben, gut vermengen, ein paar Minuten köcheln lassen und heiß servieren.

✻✻✻✻✻✻✻✻✻✻

Reis mit Garnelen

Zutaten:

1 kg große Garnelen, schälen und das Schwanzende dran lassen, am Rücken aufschneiden und den schwarzen Darm herausnehmen, waschen und abtropfen lassen. Schalen und Köpfe für die Brühe beiseite stellen
2 Tassen Langkornreis, waschen und abtropfen lassen
2 Tomaten, enthäuten und hacken (siehe Seite 15)
4 Knoblauchzehen, schälen, in einem Mörser mit etwas Salz zerdrücken

1 Bund Lauchzwiebeln, hacken
1 kleine Zwiebel, schälen und hacken
1 bis 2 Esslöffel gehackter Koriander
1 kleine Chilischote (Schärfe nach Geschmack), Stielansatz abschneiden, der Länge nach halbieren, Samen entfernen und fein hacken
1 lange, milde Peperoni, Stielansatz abschneiden, der Länge nach halbieren, Samen entfernen und hacken. Man kann auch eine halbe Paprikaschote verwenden
1 bis 2 Teelöffel Kurkuma
1 Teelöffel Pfefferkörner
Salz
Pfeffer
Öl

So wird es gemacht:

☺ 2 Liter Wasser in einen Topf geben, Garnelenschalen und –köpfe, Zwiebeln, Koriander, Pfefferkörner und etwas Salz dazugeben und ca. 10 Minuten kochen lassen, dann durch ein Sieb geben und die Brühe in einem Topf auffangen.
☺ Die Zwiebeln aus der Brühe nehmen und zerdrücken.
☺ Etwas Öl in einem Topf erhitzen ➠ Tomaten, zerdrückte Zwiebeln, Lauchzwiebeln, Chili, Peperoni, Knoblauchpaste, etwas Salz und Pfeffer zum Öl geben und ca. 5 Minuten dünsten, Reis und Garnelen untermengen, ca. 4 Tassen Wasser darüber gießen, 1 Teelöffel Salz dazugeben, umrühren, Topf zudecken und kurz zum Kochen bringen, dann bei sehr schwacher Hitze 20 bis 25 Minuten köcheln lassen, bis der Reis gar und trocken ist ➠ heiß servieren.

****

Reis mit Fleisch und Würstchen

Zutaten:

1 Tasse Langkornreis, waschen und abtropfen lassen
1 spanische Gewürzwurst (Chorizo), in ca. 1 cm dicke Scheiben schneiden
500 g Fleisch, in ca. 4 cm Würfel schneiden, waschen und abtropfen lassen
Ein paar Esslöffel Tomaten-Zwiebelsoße, siehe Seite 40
3 bis 4 große, fest kochende Kartoffeln, schälen und in ca. 2 cm Würfel schneiden
1 Bund Lauchzwiebeln, Wurzelenden abschneiden
1 Esslöffel Korianderblätter
1 kleine, scharfe Chilischote, Stielansatz abschneiden, der Länge nach halbieren, Samen entfernen und fein hacken
1 kleine Zwiebel, schälen und halbieren
2 bis 3 Knoblauchzehen, schälen und halbieren
1 Teelöffel Kurkuma
Etwas Kreuzkümmel- oder Kümmelpulver
Salz
Pfeffer
Öl

So wird es gemacht:

☺ Etwas Öl in einen Topf geben und erhitzen ➟ Fleischwürfel in das heiße Öl geben und braten, bis sie Farbe annehmen ➟ 4 bis 5 Tassen Wasser darüber geben und rühren ➟ Lauchzwiebeln, Zwiebeln, Knoblauch, Korianderblätter, Salz und Pfeffer dazugeben, Topf zudecken und kochen lassen, bis das Fleisch gar ist ➟ Topfinhalt durch ein Sieb geben und die Flüssigkeit in einer Schale auffangen ➟ die Fleischwürfel aus dem Sieb nehmen und beiseite stellen ➟ die im Sieb

befindlichen Zutaten durch das Sieb pressen und mit der Brühe mischen.
☺ Etwas Öl in einem Topf erhitzen, Wurstscheiben dazugeben und für ca. 1 Minute braten ➟ Fleischwürfel zur Wurst geben und rühren, dann Reis, Kümmelpulver, Kurkuma, Tomaten-Zwiebelsoße, Chili, Pfeffer und Salz dazugeben und gut vermengen ➟ 2 Tassen Brühe dazugeben, umrühren, Topf zudecken und kurz zum Kochen bringen, dann bei schwacher Hitze köcheln lassen, bis der Reis gar ist ➟ heiß mit Tomaten-Zwiebelsoße servieren.

****

Amaranth als Beilage

Zutaten:

100 g Amaranth
Ca.1/2 Liter Wasser

So wird es gemacht:

Wasser zum Kochen bringen ➟ Amaranth dazugeben, Topf zudecken und bei schwacher Hitze ca. 20 bis 25 Minuten köcheln lassen ➟ Topf vom Herd nehmen und ca. 30 Minuten quellen lassen ➟ Amaranth umrühren und vor dem Servieren erwärmen.

****

Quinoa kochen

Zutaten:

1 Tasse Quinoa (Quinua), unter fliesendem Wasser waschen
Ca. 2 Tassen Wasser
1/2 Teelöffel Salz

So wird es gemacht:

☺ 2 Tassen Wasser in einen Topf geben und zum Kochen bringen.

☺ Wenn das Wasser anfängt zu brodeln Quinoa dazugeben und ca. 5 Minuten brodeln lassen ➟ Kochtemperatur auf mittlere Hitze stellen und weitere 5 bis 7 Minuten köcheln lassen, bis die Quinoa gar und trocken ist. Zwischendurch umrühren. Eventuell das überschüssige Wasser abgießen, danach kann man es zur Herstellung von Gerichten mit Quinoa verwenden.

****

Quinoa als Beilage

Zutaten:

1 Tasse Quinoa, unter fliesendem Wasser waschen
1 kleine Zwiebel, schälen und fein hacken
1 bis 2 Knoblauchzehen, schälen und hacken
Ca. 2 Tassen Wasser oder Brühe
Salz
Öl

So wird es gemacht:

☺ Etwas Öl in einen Topf geben und erhitzen ➟ Zwiebeln dazugeben und glasig dünsten, Knoblauchpaste untermengen und kurz dünsten ➟ Quinoa dazugeben, gut vermengen und ca. 1 Minute erhitzen, dabei rühren ➟ Brühe oder Wasser darüber gießen, etwas Salz dazugeben, umrühren und ein paar Minuten brodeln lassen, dann bei mittlerer Hitze weitere 5 bis 7 Minuten garen.

****

Quinoa-Risotto mit Gemüse

Zutaten:

250 g Quinoa
1 rote Paprika, waschen, Stielansatz entfernen, halbieren, Samen entfernen und in kleine Würfel schneiden
500 g frische Erbsen, auspellen
300 g frische, feine Bohnen, waschen und in kleine

Streifen schneiden
1/2 Liter Gemüsebrühe
3 Esslöffel Butter
Salz
Pfeffer und Paprikapulver

So wird es gemacht:

☺ Butter in einem Topf zerlassen ➟ Quinoa dazugeben und kurz anbraten ➟ Gemüse und Brühe dazugeben ➟ Topf zudecken und bei mittlerer Hitze ca. 20 Minuten garen ➟ mit den Gewürzen abschmecken und servieren.

****

Rote Bohnen mit Kochbananen

Zutaten:

1 Tasse getrocknete, große Rote Bohnen (diese Sorte wird in Südamerika Frijol Boludo genannt). Ersatzweise Kidneybohnen, in einen Topf geben, reichlich Wasser darüber gießen, über Nacht stehen lassen, durch ein Sieb geben und abtropfen lassen
1 kleine Kochbanane, schälen und in ca. 1 cm Würfel schneiden
1 kleine Kartoffel, schälen und in dünne Scheiben schneiden
1 Mohrrübe, schälen und in dünne Würfel schneiden
1 Knoblauchzehe, schälen und fein hacken
1 Bund Lauchzwiebeln, hacken
Salz
Pfeffer

So wird es gemacht:

☺ Bohnen in einen Topf geben, mit Wasser bedecken, Topf zudecken und kochen lassen, bis sie fast gar sind.

☺ 1/2 Tasse Wasser in einen Topf geben, Kartoffeln, Mohrrüben und Knoblauchpaste dazugeben und kochen lassen, bis alles sehr weich ist, dann zu den Bohnen geben und umrühren ➟ Kochbananen und Lauchzwiebeln dazugeben, umrühren, Topf zudecken und köcheln lassen, bis die Bananen und die Bohnen gar sind ➟ mit Salz und Pfeffer abschmecken und mit Reis servieren.

****

Schwarze Bohnen

Zutaten:

1 Tasse getrocknete, Schwarze Bohnen, über Nacht in Wasser einweichen, durch ein Sieb geben und abtropfen lassen.
1 Zwiebel, schälen und hacken
2 bis 3 Knoblauchzehen, schälen, mit etwas Salz in einen Mörser geben und zerdrücken
1 lange, milde Peperoni, Stielansatz abschneiden, der Länge nach halbieren, Samen entfernen und hacken
1 Teelöffel brauner Zucker
1/4 Teelöffel Kreuzkümmel
1 bis 2 Esslöffel gehackte Petersilie
Salz
Pfeffer
Etwas Essig
Öl

So wird es gemacht:

☺ Bohnen in einen Topf geben, mit Wasser bedecken, Topf zudecken und kochen lassen, bis die Bohnen gar sind, dann durch ein Sieb geben und die Kochflüssigkeit in einer Schale auffangen.

☺ Etwas Öl in einem Topf erhitzen, Zwiebeln dazugeben und glasig dünsten, Knoblauch, Peperoni, Zucker, Kreuzkümmel, etwas Salz und Pfeffer dazugeben und weich dünsten ➟ ca. 1/2 Tasse Kochflüssigkeit darüber gießen und ca. 5 Minuten kochen lassen ➟ gekochte, Schwarze Bohnen in die Flüssigkeit geben, umrühren, Topf zudecken und ein paar Minuten köcheln lassen ➟ vor dem Servieren, Bohnen mit Salz, Pfeffer und Essig abschmecken, Petersilie untermengen und heiß servieren.

****

Linsenpüree

Ursprung des Rezepts ist der Vordere Orient, dort heißt das Rezept „Mujadara". Der Unterschied liegt in den Zutaten, die in Südamerika verwendet werden. Im Vorderen Orient werden nur Linsen, Zwiebeln, Salz und Pfeffer verwendet.

Zutaten:

500 g braune Linsen, waschen und abtropfen lassen
1 Zwiebel, schälen und halbieren
1 lange, milde Peperoni, Stielansatz abschneiden, der Länge nach halbieren und Samen entfernen
2 Schalotten, schälen und grob hacken
4 bis 5 Knoblauchzehen, schälen und vierteln
1 bis 2 lange, milde Peperoni, Stielansätze und Samen entfernen, dann grob hacken
1 Bund Petersilie, Blätter waschen
2 Esslöffel Korianderblätter
1/2 Teelöffel Kreuzkümmel
1 kleine Dose Tomatenmark in 1/2 Tasse warmem Wasser auflösen
1 bis 2 Esslöffel getrocknete Gemüsebrühe
1 Teelöffel Paprikapulver
1 Teelöffel Kurkuma oder Annattopulver
Salz
Pfeffer
Öl

So wird es gemacht:

☺ Linsen, halbierte Zwiebeln und Peperoni in einen Topf geben, 1,5 Liter Wasser darüber gießen, Topf zudecken und kochen lassen, bis die Linsen gar sind ➟ Topf vom Herd nehmen und kurz abkühlen lassen ➟ die Linsen mit den Zwiebeln und Peperoni mit einem Schaumlöffel aus dem Topf nehmen und in eine Küchenmaschine geben, dann ca. 1 Tasse Kochflüssigkeit dazugeben und pürieren ➟ Linsenpüree in einen Topf geben.

☺ Die restlichen Zutaten, außer Öl und Kurkuma in die Küchenmaschine geben und pürieren.

☺ Etwas Öl in einem Topf erhitzen, Kurkuma dazugeben und gut verrühren, pürierte Gemüse untermengen und köcheln lassen, bis sie weich sind ➟ Linsenpüree untermengen und ca. 10 Minuten köcheln lassen. Wenn das Gericht anfängt dickflüssig zu werden, Kochflüssigkeit oder Wasser darüber gießen und umrühren ➟ Linsenpüree mit Salz und Pfeffer abschmecken, in eine Servierschale geben und abkühlen lassen, danach wird das Püree fest.

❊❊❊❊❊❊❊❊❊❊❊

Kichererbsenpüree

Zutaten:

1 Dose gekochte Kichererbsen, die Erbsen in ein Sieb geben, mit klarem Wasser abspülen und abtropfen lassen
4 bis 5 Esslöffel Sahne
1/2 Tasse Wasser oder Gemüsebrühe
2 bis 3 Knoblauchzehen, schälen, mit etwas Salz in einen Mörser geben und zerdrücken
Chilipulver oder Chilipaste, Menge nach Geschmack
Salz
Pfeffer
Öl

So wird es gemacht:

☺ Etwas Öl in einer tiefen Pfanne oder einem Topf erhitzen, Knoblauchpaste dazugeben und gut verrühren, Kichererbsen, Chilipaste oder –pulver, Salz, Pfeffer, Wasser und Sahne dazugeben, gut vermengen und ca. 10 Minuten köcheln lassen ➟ Topf vom Herd nehmen und abkühlen lassen.

☺ Die abgekühlten Zutaten in eine Küchenmaschine geben und pürieren ➟ Kichererbsenpüree wieder erhitzen, mit Salz und Pfeffer abschmecken und heiß oder warm mit Brot servieren.

****

Gekochter Mais

Zutaten:

2 Tassen frische Maiskörner
1 Tasse Milch
1 Tasse Wasser
Salz

So wird es gemacht:

☺ Maiskörner und Wasser in eine Küchenmaschine geben und pürieren ➟ Maispüree in einen Topf oder eine tiefe Pfanne geben, Milch und etwas Salz dazugeben und köcheln lassen, bis die Masse dick wird, dabei umrühren und abschmecken.

****

Maisfladen

Zutaten:

2 Tassen frische Maiskörner
2 Eier, aufschlagen, in eine kleine Schale geben und rühren
4 bis 5 Esslöffel Mehl
1/2 Tasse Sahne
Salz

Pfeffer
Ungesalzene Butter

So wird es gemacht:

☺ Mais, 1 Esslöffel Butter, Sahne, Mehl, Salz und Pfeffer in eine Küchenmaschine geben und pürieren. Die Masse soll dickflüssig sein, ansonsten etwas Wasser dazugeben und rühren.

☺ Etwas Butter in einer Pfanne zerlassen ➡ 1 Esslöffel Maispüree in die Pfanne geben und rund verteilen, dann von beiden Seiten goldbraun braten und heiß mit Käse oder Wurst servieren.

****

Arracachapüree

Arracacha ist ein Wurzelgemüse und wächst in den Anden. Es sieht wie Cassava oder Süßkartoffel aus und hat eine helle Schale. Das Fruchtfleisch hat eine gelbe Farbe, deshalb wird diese Gemüsesorte auch gelbe Cassava genannt.

Zutaten:

500 g Arracacha. Ersatzweise Cassava, schälen und in kleine Würfel schneiden
Sahne
Butter
Salz
Pfeffer

So wird es gemacht:

☺ Arracachawürfel in einen Topf geben, mit Wasser bedecken und kochen lassen, bis sie gar sind ➡ Topf vom Herd nehmen ➡ 1 Esslöffel Butter zum Gemüse geben und mit einer Gabel pürieren, etwas Sahne dazugeben und gut vermengen, mit Salz und Pfeffer abschmecken und zu Hauptgerichten oder gebratenen Eiern servieren.

****

Arracacha in Soße

Zutaten:

500 g Arracacha, schälen und in kleine Würfel schneiden
100 g Weichkäse, zerkleinern
1 Bund Lauchzwiebeln, hacken oder 1 Stange Lauch, den grünen Teil abschneiden und den weißen Teil in Scheiben schneiden
4 bis 5 Esslöffel Milch oder Sahne
1 bis 2 Esslöffel gehackte Korianderblätter
1 Knoblauchzehe, schälen, mit etwas Salz in einen Mörser geben und zerdrücken
1 Teelöffel süßes Paprikapulver
1/2 kleine Chilischote, hacken
1/2 Teelöffel Kreuzkümmelpulver oder Kümmelpulver
Salz
Pfeffer
Öl

So wird es gemacht:

☺ Arracacha und etwas Salz in einen Topf geben, mit Wasser bedecken, Topf zudecken und gar kochen, durch ein Sieb geben, abtropfen lassen, in eine Servierschale geben und warm halten.
☺ 2 bis 3 Esslöffel Öl in einer Pfanne oder einem Topf erhitzen ➟ Knoblauchpaste, Lauchzwiebeln und Chili in das heiße Öl geben und weich dünsten, Koriander, Paprikapulver und Kümmel untermengen, Sahne oder Milch dazugeben, gut verrühren und den Käse dazugeben, dann bei schwacher Hitze köcheln lassen, bis der Käse geschmolzen ist. Dabei rühren ➟ Käsesoße über die gekochten Arracacha geben und servieren.

****

Gebackene Cassava

Zutaten:

500 g Cassava, schälen und ca. 3 cm Würfel schneiden
100 g Käse, Sorte nach Geschmack, reiben. Man kann auch Frischkäse verwenden
Ca. 1 Tasse geriebenes Kokosnussfruchtfleisch. Ersatzweise Kokosnussraspeln
1/2 Becher Sahne
1/2 Tasse Zucker
2 Eier, aufschlagen, in eine Schale geben und verrühren
4 bis 5 Esslöffel ungesalzene Butter
1/2 Teelöffel Anispulver
1/4 Teelöffel Vanilleextrakt

So wird es gemacht:

☺ Cassava gar kochen, durch ein Sieb geben und abtropfen lassen.
☺ Backofen auf 180°C vorheizen.
☺ Gekochte Cassava und die restlichen Zutaten in eine Küchenmaschine geben und pürieren.
☺ Eine viereckige Auflaufform mit Butter bepinseln, Cassavamischung in die Auflaufform geben, die Oberfläche mit einem Löffel glätten und für ca. 40 bis 45 Minuten backen, bis die Oberfläche eine goldgelbe Farbe hat ➟ Auflaufform aus dem Ofen nehmen, gebackene Cassava in viereckige Stücke schneiden und heiß oder warm servieren.

****

Kartoffeln mit Tomatensoße

Zutaten:

4 große Kartoffeln, schälen
2 große Tomaten, Haut entfernen und hacken (siehe Seite 15)
1 Bund Lauchzwiebeln, hacken oder 1 Stange Lauch, den grünen Teil abschneiden und den weißen Teil in Scheiben schneiden
1 rote Zwiebel, schälen und fein hacken
1/2 Becher Sahne
50 bis 75 g Käse, Sorte nach Geschmack, reiben
1 bis 2 Esslöffel gehackte Korianderblätter
2 Esslöffel gehackte Petersilie
1/2 Teelöffel Kreuzkümmelpulver oder Kümmelpulver
1/2 Teelöffel Oregano
1 Prise Chilipulver
Salz
Pfeffer
Öl

So wird es gemacht:

☺ Kartoffeln in einen Topf geben, mit Wasser bedecken, etwas Salz darüber geben und gar kochen, aus dem Topf nehmen, der Länge nach halbieren, auf einen Servierteller geben und warm halten.

☺ Etwas Öl in einer Pfanne oder einem Topf erhitzen, Zwiebeln und Lauch dazugeben und glasig dünsten ➟ Tomaten und Gewürze zu den Zwiebeln geben, gut verrühren und ein paar Minuten dünsten, bis die Tomaten weich sind ➟ Koriander und Petersilie untermengen, Sahne dazugeben und gut verrühren, dann den Käse dazugeben und bei schwacher Hitze köcheln lassen, bis der Käse geschmolzen ist. Falls die Soße sehr dickflüssig wird, etwas Wasser darüber gießen und rühren ➟ Soße mit Salz und Pfeffer abschmecken, über die Kartoffeln gießen und servieren.

Gebackene Auberginen

Zutaten:

2 mittelgroße Auberginen, Stielansätze abschneiden, schälen, in Scheiben schneiden (ca. 2 cm dick), dann in Würfel schneiden (ca. 3 cm), in ein Sieb geben, mit Salz bestreuen und 20 bis 30 Minuten stehen lassen, damit die bitteren Säfte austropfen können
2 Kochbananen, schälen und in Scheiben schneiden
3 Tomaten, enthäuten, Samen entfernen und hacken (siehe Seite 15)
1 große Zwiebel, schälen und hacken
1 bis 2 Knoblauchzehen, schälen, mit etwas Salz in einen Mörser geben und zerdrücken
1 Teelöffel Paprikapulver
Chilipulver, Menge nach Geschmack
Salz und Pfeffer
Öl

So wird es gemacht:

☺ Aubergine unter fliesendem Wasser abspülen.
☺ Kochbananen und Aubergine in einen Topf geben, mit Wasser bedecken und kochen lassen, bis sie gar sind ➡ Gemüse durch ein Sieb geben, abtropfen lassen, dann in eine Schale geben und mit einer Gabel pürieren.
☺ Etwas Öl in einer tiefen Pfanne erhitzen, Zwiebeln dazugeben und glasig dünsten, Knoblauchpaste untermengen und kurz dünsten ➡ gehackte Tomaten und Gewürze zu den Zwiebeln geben, gut verrühren und köcheln lassen, bis viel Flüssigkeit verdampft ist ➡ ca. 1 Tasse Wasser darüber geben, umrühren, abschmecken und zum Kochen bringen ➡ Pfanne vom Herd nehmen ➡ die Soße zum pürierten Gemüse geben und gut vermengen.
☺ Backofen auf 180°C vorheizen.
☺ Gemüsemischung in eine Auflaufform geben und 15 bis 20 Minuten backen ➡ heiß mit Reis und Salat servieren.

Gefüllte Zucchini

Zutaten:

2 große Zucchini, Stielansätze abschneiden
1 Tasse frische Maiskörner
1 Paprikaschote, Stielansatz abschneiden, halbieren, Samen entfernen und hacken
2 Toastscheiben, toasten und zerbröseln
4 bis 5 Esslöffel geriebener Parmesankäse
2 bis 3 Schalotten, schälen und fein hacken
1 Teelöffel getrockneter Basilikum
2 bis 3 Esslöffel gehackte Petersilie
1 Teelöffel mildes Paprikapulver
Salz
Pfeffer
Öl

So wird es gemacht:

☺ Die Zucchini der Länge nach halbieren, dann mit einem Löffel aushöhlen und das Fruchtfleisch beiseite stellen.

☺ Etwas Öl in einer Pfanne erhitzen ➟ Schalotten in das heiße Öl geben und glasig dünsten, dann die restlichen Zutaten (außer Käse) dazugeben, auch das Zucchinifruchtfleisch, gut vermengen, abschmecken und dünsten, bis die Maiskörner weich sind. Eventuell etwas Wasser darüber geben ➟ Pfanne vom Herd nehmen, beiseite stellen, geriebenen Käse dazugeben und gut vermengen.

☺ Backofen auf 180°C vorheizen.

☺ Die halbierte Zucchini in eine Auflaufform geben und mit den gekochten Zutaten füllen ➟ 1/2 Tasse Wasser in die Auflaufform geben und 15 bis 20 Minuten backen, bis die Zucchini gar sind ➟ heiß mit Salat und eventuell Reis servieren.

****

Okra in Tomatensoße

Zutaten:

100 g kleine Okraschoten, getrocknet oder frisch (getrocknete Okraschoten ein paar Stunden in Wasser einweichen, in ein Sieb geben und abtropfen lassen)
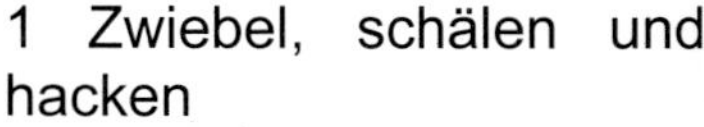
1 Zwiebel, schälen und hacken
1 Knoblauchzehe, schälen und hacken
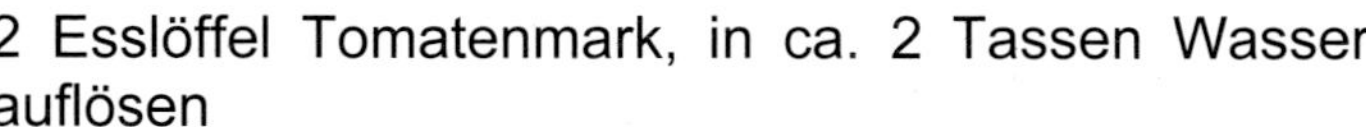
2 Esslöffel Tomatenmark, in ca. 2 Tassen Wasser auflösen
1/2 Teelöffel Paprikapulver
Chilipulver, Menge nach Geschmack
Salz
Pfeffer
Öl

Getrocknete Okraschoten bekommt man in orientalischen Lebensmittelgeschäften.

So wird es gemacht:

☺ Etwas Öl in einer Pfanne erhitzen, Zwiebeln dazugeben und glasig dünsten, Knoblauch und Okra untermengen und dünsten, bis die Okraschoten Farbe annehmen ➟ aufgelöstes Tomatenmark, Paprikapulver, Chilipulver, Salz und Pfeffer dazugeben und kurz zum Kochen bringen, Pfanne zudecken und bei mittlerer Hitze köcheln lassen, bis die Okra gar und die Hälfte der Flüssigkeit verdampft sind. Falls die Flüssigkeit beim Kochen verdunstet ist, etwas Wasser darüber geben ➟ mit Salz und Pfeffer abschmecken und heiß mit Reis und Salat servieren.

****

Fleischgerichte

Lamm in Kokosnussmilch

Zutaten:

1 kg Lammfleisch ohne Knochen, in ca. 2 bis 3 cm Würfel schneiden, waschen und abtropfen lassen
1 Dose Kokosnussmilch
1 Paprikaschote, Stielansatz abschneiden, halbieren, Samen entfernen und hacken
1 Bund Lauchzwiebeln, hacken oder 1 Stange Lauch, nur den weißen Teil hacken
1 Teelöffel süßes Paprikapulver
4 bis 5 Knoblauchzehen, schälen, mit etwas Salz in einen Mörser geben und zerdrücken
1 große Zwiebel oder 3 Schalotten, schälen und hacken
1 Bund Petersilie, Blätter waschen und grob hacken
1 Esslöffel gehackter Koriander. Ersatzweise 1 Teelöffel getrockneter Koriander
Chilipulver, Menge nach Geschmack
1 Esslöffel brauner Zucker
Salz
Pfeffer
Öl

So wird es gemacht:

☺ Etwas Öl in einem Topf erhitzen ➡ Fleischwürfel in das heiße Öl geben und braten, bis sie Farbe annehmen und die Flüssigkeit verdampft ist ➡ die restlichen Zutaten (außer Kokosnussmilch) dazugeben, umrühren und dünsten bis sie weich sind, 1½ bis 2 Tassen Wasser darüber gießen, Topf zudecken und kochen lassen, bis das Fleisch gar ist ➡ Kokosnussmilch darüber geben, umrühren und ein paar Minuten kochen lassen ➡ heiß mit Reis servieren.

Fleischbällchen in Tomatensoße

Zutaten:

500 g Hackfleisch
1 Ei, aufschlagen, in eine kleine Schale geben und verrühren
1 Zwiebel, schälen und fein hacken
3 bis 4 Knoblauchzehen, schälen, mit etwas Salz in einen Mörser geben und zerdrücken
Salz
Pfeffer
Öl

Zutaten für die Soße:

1 Packung (500 ml) passierte Tomaten
1 Tomate, hacken
1 Tasse Fleischbrühe oder Wasser
2 bis 3 Knoblauchzehen, schälen, mit etwas Salz in einen Mörser geben und zerdrücken
1 Schalotte, schälen und hacken
1 Chilischote (Schärfe nach Geschmack), Stielansatz abschneiden, der Länge nach halbieren, Samen entfernen und fein hacken
1 lange, milde Peperoni, Stielansatz abschneiden, der Länge nach halbieren, Samen entfernen und hacken
Salz
Pfeffer
Öl

So wird es gemacht:

☺ Hackbällchen vorbereiten:
Alle Zutaten für die Bällchen (außer Öl) in eine Schale geben und gut verkneten ➟ aus dem Fleischteig kleine Bällchen formen und beiseite stellen.

☺ Öl in einer tiefen Pfanne erhitzen, Fleischbällchen dazugeben und knusprig braten, aus der Pfanne nehmen und beiseite stellen.

☺ Tomatensoße kochen:

Etwas Öl in einen Topf oder eine Pfanne (man kann die Pfanne verwenden, in der die Fleischbällchen gebraten wurden) geben und erhitzen ➟ gehackte Schalotte und Peperoni in das heiß Öl geben und dünsten, bis sie weich sind, Knoblauch und Chili untermengen und 1 bis 2 Minuten dünsten ➟ Tomatensoße, gehackte Tomate und Brühe oder Wasser dazugeben, umrühren und abschmecken, Topf oder Pfanne zudecken, ca. 10 Minuten köcheln lassen und mit Salz und Pfeffer abschmecken.

☺ Gericht fertig stellen:

Die gebratenen Fleischbällchen in die Soße geben, Pfanne oder Topf zudecken und ca. 10 Minuten köcheln lassen ➟ heiß mit Reis und Salat servieren.

❖❖❖❖❖❖❖❖❖❖❖

Gebackene Lammkeule

Zutaten:

1 Lammkeule, waschen und abtupfen
6 bis 7 Knoblauchzehen, schälen
100 g Heidelbeeren
1 Tasse Wasser oder Brühe
Folgende Zutaten in einer Küchenmaschine pürieren:
- 2 Zwiebeln, schälen und zerkleinern
- 3 bis 4 Knoblauchzehen, schälen und zerkleinern
- 1 Esslöffel Oregano
- 1 Esslöffel Petersilie
- 2 frische Lorbeerblätter
- 1/2 Teelöffel Kreuzkümmel
- 1 Esslöffel Limetten- oder Zitronensaft
- Salz
- Pfeffer

So wird es gemacht:

☺ Lammkeule in eine Schale geben, rundherum mit einem scharfen Messer tiefe Schnitte in das Fleisch stechen und die Knoblauchzehen reinpressen, dann mit den pürierten Zutaten einreiben, Schale zudecken und über Nacht stehen lassen. Zwischendurch wenden.

☺ Backofen auf 180°C vorheizen.

☺ Eine Gitterplatte auf ein Backblech legen, Wasser in das Backblech geben, die Keule auf das Gitter legen und für ca. 30 bis 40 Minuten backen, bis das Fleisch sehr gar ist. Falls das Wasser beim Backen verdünstet ist, Wasser nachgießen.

☺ Backblech aus dem Backofen nehmen, die Lammkeule in eine Servierschale geben und beiseite stellen.

☺ Das Wasser, das im Backblech ist, durch ein Sieb geben, in einem kleinen Topf auffangen und aufkochen lassen, Heidelbeeren dazugeben und zum Kochen bringen, bis die Beeren weich aber fest sind. Dann in eine Servierschale geben.

☺ Etwas Heidelbeersoße über die Lammkeule geben und servieren. Die Heidelbeersoße extra servieren.

Ziegenfleisch mit Auberginen

Zutaten:

1 mittelgroße Aubergine, Stielansatz abschneiden, schälen, in Scheiben schneiden (ca. 2 cm dick), dann in Würfel schneiden (ca. 3 cm), in ein Sieb geben, mit Salz bestreuen und 20 bis 30 Minuten stehen lassen, damit die bitteren Säfte austropfen können

1 kg Ziegenfleisch ohne Knochen, in 4 bis 5 cm Würfel schneiden, waschen und abtropfen lassen

4 bis 5 Kartoffeln, schälen, halbieren, vierteln und in große Würfel schneiden

2 große Tomaten, enthäuten, Samen entfernen und hacken (siehe Seite 15)

1 Esslöffel Tomatenmark, in 1/2 Tasse warmem Wasser auflösen

2 Zwiebeln, schälen und hacken

Limetten- oder Zitronensaft

1 Bund Petersilie, Blätter waschen

1 Teelöffel getrockneter Thymian

Salz

Pfeffer

Öl

Folgende Zutaten in einen Mörser geben und zerdrücken:

- 2 Knoblauchzehen, schälen und vierteln
- Etwas Salz
- Je 1/2 Teelöffel:
- Kreuzkümmel- oder Kümmelpulver
- Getrockneter Oregano
- Currypulver
- Nelkenpulver
- Rosmarin

So wird es gemacht:

☺ Fleischwürfel, Zwiebeln, Knoblauchpaste und etwas Limettensaft in eine Schale geben, gut vermengen, Schale zudecken und ein paar Stunden ziehen lassen.

☺ Etwas Öl in einem Topf erhitzen ➠ das eingelegte Fleisch mit Marinade in das heiße Öl geben und braten, bis die Fleischwürfel Farbe annehmen ➠ 1 Tasse Wasser und aufgelöstes Tomatenmark dazugeben, Salz und Pfeffer dazugeben, umrühren, Topf zudecken und bei mittlerer Hitze kochen lassen.

☺ Etwas Öl in einer Pfanne erhitzen, Tomaten und Auberginen dazugeben und dünsten, bis sie weich sind ➠ Petersilie, Salz und Pfeffer dazugeben, gut vermengen und Pfanne vom Herd nehmen.

☺ Wenn die Fleischwürfel gar sind, gedünstete Auberginen und Kartoffeln dazugeben und köcheln lassen, bis die Kartoffeln gar sind, dann mit Salz und Pfeffer abschmecken und heiß mit Reis servieren.

❖❖❖❖❖❖❖❖❖❖❖

Fleischstreifen mit Tomaten

Zutaten:

500 g Fleisch, im Stück ohne Knochen und Fett, in dünne Scheiben schneiden, waschen und abtropfen lassen
2 große Tomaten, Haut abziehen, halbieren, Samen entfernen und hacken (siehe Seite 15)
1 lange, milde Peperoni, Stielansatz abschneiden, der Länge nach halbieren, Samen entfernen und hacken
1 bis 2 Knoblauchzehen, schälen, mit etwas Salz in einen Mörser geben und zerdrücken
1 Knoblauchzehe, schälen und halbieren
2 große Zwiebeln, schälen und hacken
1 rote Zwiebel, schälen und vierteln

1 Teelöffel süßes Paprikapulver
1 Esslöffel Gemüsebrühe, in 1 Tasse warmem Wasser auflösen
Salz
Pfeffer
Öl

So wird es gemacht:

☺ Fleisch, halbierten Knoblauch, geviertelte Zwiebeln und aufgelöste Gemüsebrühe und ca. 1 Tasse Wasser in einen Topf geben, Topf zudecken und kochen lassen, bis das Fleisch sehr weich ist ➠ Topf vom Herd nehmen und abkühlen lassen ➠ Fleischstücke aus der Brühe nehmen, in dünne Streifen schneiden und beiseite stellen ➠ Brühe durch ein Sieb geben, in einer Schale auffangen und beiseite stellen.

☺ Etwas Öl in einer tiefen Pfanne erhitzen, Fleischstreifen dazugeben und knusprig braten ➠ Tomaten, Peperoni, gehackte Zwiebeln, Knoblauchpaste, Salz, Pfeffer und Paprikapulver dazugeben, umrühren und ein paar Minuten köcheln lassen, bis die Tomaten weich sind ➠ aufgelöste Gemüsebrühe in die Pfanne geben, umrühren und köcheln lassen, bis die Peperoni weich ist und die Soße dicker wird. Falls die Flüssigkeit verdampft ist, etwas Wasser darüber geben ➠ heiß mit Reis (siehe Seite 63) und gekochten Bohnen (siehe Seite 73) servieren.

Man kann als Beilage, gebratene Kochbananenscheiben servieren.

Schweinefuß mit Schwarzen Bohnen

Zutaten:

1 Schweinefuß, gründlich waschen
1½ Tassen getrocknete, Schwarze Bohnen, über Nacht in Wasser einweichen, in ein Sieb geben und abtropfen lassen
1 kleine Zwiebel, schälen und halbieren
1 lange, milde Peperoni, Stielansatz abschneiden, der Länge nach halbieren und Samen entfernen
1 Esslöffel brauner Zucker
2 Tomaten, enthäuten, Samen entfernen und hacken (siehe Seite 15)
1 rote Zwiebel, schälen und fein hacken
2 Knoblauchzehen, schälen, mit etwas Salz in einen Mörser geben und zerdrücken
1 Esslöffel gehackter Koriander
3 bis 4 Lauchzwiebeln, hacken
1 lange, milde Peperoni, Stielansatz abschneiden, der Länge nach halbieren, Samen entfernen und hacken
2 Esslöffel dunkler, brauner Zucker
Salz
Pfeffer
Öl

So wird es gemacht:

☺ Die Bohnen, Schweinefuß, halbierte Zwiebel, Peperoni, Salz und Pfeffer in einen Topf geben und mit Wasser bedecken ➟ Wasser zum Kochen bringen, Topf zudecken und bei mittlerer Hitze kochen lassen, bis das Fleisch und die Bohnen gar sind ➟ Schweinefuß aus dem Topf nehmen und beiseite stellen.

☺ Etwas Öl in einer Pfanne erhitzen ➟ gehackte Tomaten, gehackte, rote Zwiebel, Knoblauchpaste, Lauchzwiebeln,

Koriander, Peperoni, etwas Salz und Pfeffer zum heißen Öl geben und dünsten, bis alles weich ist ➟ Pfanne vom Herd nehmen und die Soße zu den Bohnen geben ➟ braunen Zucker dazugeben, gut verrühren und köcheln lassen.
☺ Das Fleisch des Schweinefußes vom Knochen lösen, zerkleinern, zu den Bohnen geben und ein paar Minuten erhitzen ➟ das Gericht abschmecken und heiß mit Reis (siehe Seite 73) servieren.

❖❖❖❖❖❖❖❖❖❖❖

Schweinefuß mit Gewürzpaste

Zutaten:

1 Schweinefuß, gründlich säubern und mit einer Messerspitze einige, tiefe Schnitte ins Fleisch schneiden
1 bis 2 Knoblauchzehen, schälen und vierteln
1 bis 2 Esslöffel Limetten- oder Zitronensaft
1 Esslöffel Weinessig
3 bis 4 Esslöffel Öl
Gewürze:
1½ Teelöffel süßes Paprikapulver
1 Teelöffel Kreuzkümmel- oder Kümmelpulver
1/2 Teelöffel Zimtpulver
1/2 Teelöffel Nelkenpulver
1 Teelöffel schwarze Pfefferkörner
1 Prise Zucker
1 Prise Chilipulver
Salz

So wird es gemacht:

☺ Gewürze, Essig, Knoblauch, Limettensaft und Öl in eine Küchenmaschine geben und zu einer weichen Paste pürieren.
☺ Schweinfuß in eine längliche Schale geben, Gewürzpaste in die tiefen Schnitten pressen und rundherum mit der Gewürzpaste einreiben ➟ Schale zudecken und über Nacht kühl lagern. Zwischendurch den Schweinefuß wenden.
☺ Backofen auf 200°C vorheizen.

☺ Schweinefuß mit Marinade in eine Auflaufform geben und in den Backofen schieben ➟ Backofenhitze auf 180°C reduzieren und backen, bis das Fleisch sehr gar ist ➟ Auflaufform aus dem Backofen nehmen, kurz abkühlen lassen, das Fleisch vom Knochen lösen, mit der Hand auseinandernehmen und servieren.

❖❖❖❖❖❖❖❖❖❖❖

Fleisch mit Kichererbsen

Zutaten:

1 große Dose Kichererbsen, durch ein Sieb geben, mit Wasser abspülen und abtropfen lassen
100 g Fleischstück
150 g Blattspinat, waschen und hacken
150 g Kürbisfruchtfleisch, in kleine Würfel schneiden
1 große Kartoffel, schälen und in kleine Würfel schneiden
1 Paprikaschote, Stielansatz abschneiden, halbieren, Samen entfernen und hacken
1/2 Bund Petersilie, Blätter waschen und hacken
1 Zwiebel, schälen und hacken
4 bis 5 Knoblauchzehen, schälen, mit etwas Salz in einen Mörser geben und zerdrücken
2 Tomaten, hacken
2 Esslöffel Tomatenmark
1 Teelöffel süßes Paprikapulver
Salz
Pfeffer
Öl

So wird es gemacht:

☺ Fleischstück und etwas Salz in einen Topf geben, mit Wasser bedecken und gar kochen, aus dem Topf nehmen und in kleine Würfel schneiden (ca. 2 cm).

☺ Etwas Öl in einen Topf geben und erhitzen ➟ Zwiebeln und Paprikaschoten in das heiße Öl geben und dünsten, bis sie weich sind, Knoblauch untermengen und kurz dünsten,

Tomaten dazugeben und dünsten, bis sie weich sind ➟ Tomatenmark, Paprikapulver, Salz und Pfeffer dazugeben, gut vermengen und köcheln lassen, bis die Soße dick wird ➟ 2 Tassen Wasser darüber gießen, Kichererbsen dazugeben, umrühren und zum Kochen bringen, dann bei mittlerer Hitze ca. 10 Minuten kochen lassen.

☺ Alle 5 Minuten folgende Zutaten zu den Kichererbsen geben:

Kartoffeln, Kürbis, Blattspinat und Fleischwürfel, köcheln lassen, bis alle Zutaten gar sind. Falls die Flüssigkeit verdampft ist, etwas Wasser darüber geben ➟ das Gericht mit Salz und Pfeffer abschmecken, in eine Servierschale geben, mit Petersilie garnieren und heiß servieren.

❖❖❖❖❖❖❖❖❖❖❖

Kalbsragout

Zutaten:

1 kg Kalbsfleisch, in große Würfel schneiden, waschen und abtropfen lassen
100 g Pilze, in Scheiben schneiden
2 Esslöffel Tomatenmark, in 2 Tassen warmem Wasser auflösen
2 Tomaten, hacken
1 Teelöffel getrockneter Oregano
1 Esslöffel Mehl
1 Teelöffel süßes Paprikapulver
1 Prise Zucker
Etwas Chilipulver, Menge nach Geschmack
Salz
Pfeffer
Öl

So wird es gemacht:

☺ 2 Esslöffel Öl in einem Topf erhitzen ➟ Fleisch in das heiße Öl geben und braten, bis die Flüssigkeit verdampft und das Fleisch knusprig gebraten ist ➟ Tomaten, Mehl, Oregano, Prise Zucker, Chilipulver, Paprikapulver, Salz und Pfeffer dazugeben und gut vermengen ➟ aufgelöstes Tomatenmark in den Topf geben, Topf zudecken und zum Kochen bringen, dann bei mittlerer Hitze kochen lassen, bis das Fleisch gar ist ➟ Pilze untermengen und ca. 5 Minuten kochen lassen, dann mit Salz und Pfeffer abschmecken und mit Reis servieren.

❖❖❖❖❖❖❖❖❖❖❖

Kalbsleber in Soße

Zutaten:

500 g Kalbsleber, in 3 bis 4 cm Würfel schneiden, waschen und abtropfen lassen
2 Kartoffeln, schälen und in Scheiben schneiden
3 große Tomaten, enthäuten, halbieren, Samen entfernen und hacken (siehe Seite 15)
1 Zwiebel, schälen und in dünne Scheiben schneiden
1 bis 2 Knoblauchzehen, schälen und in dünne Scheiben schneiden
1 Würfel Fleischbrühe, in 1 Tasse warmem Wasser auflösen
1 Teelöffel getrockneter Oregano
1/2 Teelöffel süßes Paprikapulver
Salz
Pfeffer
Öl

So wird es gemacht:

☺ Etwas Öl in einer tiefen Pfanne erhitzen, Leberstücke dazugeben, salzen und pfeffern und knusprig braten, aus der Pfanne nehmen und beiseite stellen.

☺ Die Zwiebeln in der gleichen Pfanne glasig dünsten, Knoblauch dazugeben und kurz dünsten ➡ Tomaten, Kartoffeln, Oregano, Paprikapulver und aufgelöste Brühe zu den Zwiebeln geben und köcheln lassen, bis die Kartoffeln gar sind ➡ gebratene Leberstücke in die Soße geben, ein paar Minuten erhitzen, mit Salz und Pfeffer abschmecken, in eine Servierschale geben, mit Petersilie abschmecken und heiß servieren.

❖❖❖❖❖❖❖❖❖❖❖

Fleisch mit Ananas

Zutaten:

500 g mageres Fleischstück, in ca. 4 cm Würfel schneiden, waschen und abtropfen lassen
1 kleine Ananas, schälen und in kleine Würfel schneiden. Ersatzweise 1 kleine Dose Ananasstücke
1 Zwiebel, schälen und hacken
1 kleine Chilischote (Schärfe nach Geschmack), Stielansatz abschneiden, der Länge nach halbieren, Samen entfernen und fein hacken
1 Paprikaschote, Stielansatz abschneiden, halbieren, Samen entfernen, in Streifen schneiden und hacken
3/4 Tasse Fleischbrühe oder Wasser
1 Esslöffel gehackte Pfefferminzblätter
Salz
Pfeffer
Öl

So wird es gemacht:

☺ Etwas Öl in einer Pfanne erhitzen, Fleischwürfel dazugeben und braten, bis die Flüssigkeit verdampft ist und das Fleisch Farbe angenommen hat ➟ Fleischwürfel aus der Pfanne nehmen und in einen Topf geben.

☺ Eventuell neues Öl in die Fleischpfanne geben und erhitzen, Zwiebeln, Ananas, Paprikaschote, Chili, Salz und Pfeffer dazugeben und dünsten, bis die Zwiebeln weich sind.

☺ Zwiebelmischung zum Fleisch geben, dann die Brühe oder Wasser darüber gießen, gut verrühren, Topf zudecken und bei mittlerer Hitze kochen lassen, bis das Fleisch gar ist, gehackte Pfefferminze untermengen und mit Salz und Pfeffer abschmecken ➟ das Gericht in eine Servierschale geben und heiß mit Reis und Salat servieren.

❖❖❖❖❖❖❖❖❖❖❖

Rinderbeinscheibe

Zutaten:

1 Rinderbeinscheibe, ca. 1 kg
Salz
Pfeffer
Folgende Zutaten mit etwas Salz in einen Mörser geben und zerdrücken, danach 1/2 Tasse Wasser dazugeben und gut verrühren:
- 1 Schalotte, schälen und hacken
- 1 bis 2 Knoblauchzehen, schälen und hacken
- 1 Teelöffel süßes Paprikapulver
- 1/4 Teelöffel Kreuzkümmel oder Kümmelpulver

Zutaten für die Soße:

1 Esslöffel Weinessig
3 bis 4 Stangen Lauchzwiebeln, hacken
1 Teelöffel dunkler, brauner Zucker
1 kleine Chilischote, Stielansatz abschneiden, der Länge nach halbieren, Samen entfernen und fein hacken

2 Esslöffel gehackte Petersilie
Salz
Pfeffer
1 Teelöffel Olivenöl
1 Tasse Wasser

So wird es gemacht:

☺ Das Fleischstück in eine Schale geben und mit einer Gabel rundherum einstechen, dann mit Gewürzpaste einreiben und ein paar Stunden stehen lassen. Zwischendurch in der Marinade wälzen und wenden.

☺ Soße fertig stellen:

Alle Zutaten für die Soße in eine kleine Schale geben, gut verrühren und mit Salz und braunem Zucker abschmecken. Der Geschmack soll süß-sauer sein.

☺ Backofen auf 200°C vorheizen, dann die Temperatur auf 180°C reduzieren.

☺ Die Beinscheibe in eine Auflaufform geben und backen, bis das Fleisch sehr gar ist. Zwischendurch etwas Marinade darüber geben ➟ das Fleisch aus dem Backofen nehmen, mit zwei Gabeln auseinandernehmen, in eine Servierschale geben, dann etwas Soße darüber verteilen und heiß mit Soße, Salat und Reis servieren.

Kreolisches Rindersteak

Zutaten:

4 Rindersteaks. Man kann auch andere Fleischsorten verwenden
Limettensaft
1 Esslöffel dunkler, brauner Zucker
1 Teelöffel Majoran
Salz
Pfeffer
Öl
Folgende Zutaten in eine Schale geben und auflösen:
- 1 Esslöffel Tomatenmark
- 1 Tasse Bier oder Wasser oder beides

So wird es gemacht:

☺ Rindersteaks mit Limettensaft, Salz und Pfeffer einreiben und ein paar Stunden in den Kühlschrank stellen.
☺ Etwas Öl in einer tiefen Pfanne erhitzen ➡ Fleischstücke aus der Marinade nehmen und von beiden Seiten scharf anbraten ➡ aufgelöste Zutaten darüber geben ➡ Majoran, Pfeffer und Salz dazugeben und köcheln lassen, bis das Fleisch sehr gar ist. Zwischendurch wenden ➡ heiß mit Gemüse, Salz und Reis oder Nudeln servieren.

Geflügelgerichte

Hähnchen-Kartoffel-Pott

Zutaten:

1 Hähnchen, waschen
500 g mehlige Kartoffeln, schälen und vierteln
500 g verschiedene Sorten festkochende Kartoffeln, schälen und vierteln
2 Zuckermaiskolben, in ca. 3 cm Scheiben schneiden
1 kleine, rote Zwiebel, schälen
1 Bund Lauchzwiebeln
2 Esslöffel Korianderblätter
2 Lorbeerblätter
Salz
Pfeffer
Avocadopaste, siehe Seite 36

So wird es gemacht:

☺ Hähnchen, Zwiebeln, Lauchzwiebeln und Lorbeerblätter in einen Topf geben und mit Wasser bedecken, salzen und pfeffern und kochen lassen, bis das Fleisch gar ist ➟ Hähnchen aus der Brühe nehmen ➟ Brühe durch ein Sieb geben und in einem Topf auffangen.
☺ Hähnchenhaut entfernen und das Hähnchen zerlegen.
☺ Brühe aufkochen lassen, mehlige Kartoffeln dazugeben und kochen lassen, bis die Kartoffeln zerfallen, dabei umrühren ➟ festkochende Kartoffeln und Mais dazugeben und bei mittlerer Hitze kochen lassen, bis die Kartoffeln fast gar sind ➟ abschmecken ➟ Hähnchenteile dazugeben und kochen lassen, bis die Kartoffeln und der Mais gar sind.
☺ 1 bis 2 Esslöffel Avocadopaste auf einen Teller geben, dann Hähnchen, Mais, Kartoffeln und etwas Soße darauf geben und heiß servieren.

Variante 2

Zutaten:

4 bis 6 Hähnchenkeulen, waschen
2 Hähnchenbrüste
500 g festkochende Kartoffeln, schälen und vierteln
4 Knoblauchzehen, schälen, mit etwas Salz in einen Mörser geben und zerdrücken
3 bis 4 große Tomaten, Haut abziehen und hacken (siehe Seite 15)
1 Zwiebel, schälen und fein hacken
1 Esslöffel Sojasoße oder Worcestersoße
1 Teelöffel Kurkuma
1 Teelöffel süßes Paprikapulver
Salz
Pfeffer
Öl

So wird es gemacht:

☺ Hähnchenkeulen und –brust, Knoblauchpaste, Sojasoße oder Worcestersoße, etwas Salz und Pfeffer in eine Schale geben, gut vermengen, Schale zudecken und 1 Stunde ziehen lassen. Zwischendurch die Fleischteile in der Marinade wenden.
☺ Etwas Öl in einem Topf erhitzen ➟ Hähnchenteile in das heiße Öl geben und scharf anbraten, aus dem Topf nehmen und beiseite stellen.
☺ Kartoffeln in den Topf geben und anbraten, bis sie Farbe annehmen, aus dem Topf nehmen und beiseite stellen.
☺ Zwiebeln im heißen Öl glasig dünsten, Tomaten, Kurkuma, Paprikapulver, die Marinade und etwas Salz dazugeben, gut vermengen und dünsten, bis die Tomaten weich sind ➟ 2 Tassen Wasser oder Brühe in den Topf geben und rühren ➟ Hähnchenteile in den Topf geben und bei mittlerer Hitze kochen lassen, bis das Fleisch fast gar ist ➟ Kartoffeln dazugeben und kochen lassen, bis das Fleisch und die

Kartoffeln gar sind. Falls die Flüssigkeit verdampft ist, etwas Wasser darüber geben ➟ das Gericht mit Salz und Pfeffer abschmecken, in eine Servierschale geben und mit Reis (siehe Seite 63) servieren.

****

Knoblauchhähnchen

Zutaten:

1 Hähnchen, waschen und mit Küchenpapier abtupfen
5 bis 6 große Knoblauchzehen, schälen und vierteln
1 Bund Lauchzwiebeln, Stielenden abschneiden, dann grob zerkleinern
1 Limette
1 bis 2 Teelöffel Soja- oder Worcestersoße
Salz
Pfeffer
Öl

So wird es gemacht:

☺ Lauchzwiebeln, Knoblauch, Soja- oder Worcestersoße, etwas Öl, Pfeffer und Salz in eine Küchenmaschine geben und pürieren.

☺ Backofen auf 180°C vorheizen.

☺ Hähnchen mit Limetten- oder Zitronensaft einreiben ➟ mit einem scharfen Messer tiefe Schnitte in das Fleisch stechen und etwas Knoblauchpaste reinpressen, dann das Huhn mit der restlichen Knoblauchpaste einreiben, in eine Auflaufform geben, in den Backofen schieben und knusprig backen ➟ heiß mit Reis servieren.

****

Gekochtes Hähnchen in scharfer Soße

Zutaten:

1 großes Hähnchen, in Teile zerlegen, Haut abziehen, waschen und mit Küchenpapier abtupfen
1 Tasse Erbsen
2 bis 3 Knoblauchzehen, schälen, mit etwas Salz in einen Mörser geben und zerdrücken
1 Bund Lauchzwiebeln, Stielenden abschneiden und hacken
2 Zwiebeln, schälen und hacken
2 Tomaten, Haut abziehen, Samen entfernen und hacken (siehe Seite 15)
1 Paprikaschote, halbieren, Stielansatz und Samen entfernen und hacken
2 bis 3 getrocknete, scharfe Chilischoten, ca. 30 Minuten in Wasser einweichen, Stielansätze abschneiden und mit etwas Wasser in einer Küchenmaschine pürieren
1 Bund Petersilie, Blätter waschen und hacken
1 Teelöffel getrockneter Oregano
1/2 Teelöffel Kümmel- oder Kreuzkümmelpulver
Salz
Pfeffer
Öl

So wird es gemacht:

☺ Etwas Öl in einem Topf erhitzen ➟ zuerst Zwiebeln in das heiße Öl geben und glasig dünsten, dann Tomaten, Knoblauchpaste, Lauchzwiebeln, gehackte Paprikaschoten, pürierten Chili, gehackte Petersilie, Oregano, Kümmelpulver, Pfeffer und Salz zu den Zwiebeln geben und dünsten, bis die Tomaten weich sind ➟ Hähnchenteile in den Topf geben und gut in der Soße wälzen ➟ 1 Tasse Wasser darüber gießen, Topf zudecken und bei mittlerer Hitze kochen lassen, bis das

Fleisch gar ist. Zwischendurch prüfen, ob noch genügend Wasser im Topf ist, ansonsten etwas Wasser nachgießen ➡ das fertig gekochte Hähnchen in eine Servierschale geben und mit Reis (siehe Seite 63) servieren.

****

Hähnchen mit Gemüse

Zutaten:

500 g Hähnchenbrust
4 lange, milde Peperoni (rot und grün), Stielansätze abschneiden, der Länge nach halbieren, Samen entfernen und hacken. Ersatzweise 2 Paprikaschoten
2 Tassen in feine Streifen geschnittenen Weißkohl*
1 Tasse kleine, frische oder getrocknete Okraschoten:
① Getrocknete Okraschoten ca. 30 Minuten in Wasser einweichen, in ein Sieb geben und abtropfen lassen
② Frische Okraschoten, Stielansätze kegelförmig abschneiden.
Große, frische Okraschoten sollten in Scheiben geschnitten werden
2 große Tomaten, Haut abziehen, halbieren, Samen entfernen und hacken (siehe Seite 15)
1 große Zwiebel, schälen und hacken
2 bis 3 Knoblauchzehen, schälen, mit etwas Salz in einen Mörser geben und zerdrücken
2 Esslöffel gehackte Petersilie
1 Teelöffel süßes Paprikapulver
Salz
Pfeffer
Öl

* In Brasilien wird das Gericht ohne Weißkohl gekocht.

So wird es gemacht:

☺ Reichlich Wasser und etwas Salz in einen Topf geben, Okraschoten dazugeben und kochen lassen, bis die Schoten gar sind, mit einem Schaumlöffel aus dem Wasser nehmen und warm halten, dann die Weißkohlstreifen gar kochen, durch ein Sieb geben, abtropfen lassen und warm halten.

☺ Etwas Öl in einem Topf oder einer großen Pfanne erhitzen ➡ Hähnchenbrust in das heiße Öl geben, mit Salz und Pfeffer bestreuen und anbraten, bis sie Farbe annimmt, aus dem Topf nehmen und beiseite stellen.

☺ Die Zwiebeln in den gleichen Topf geben und weich dünsten ➡ Knoblauchpaste untermengen und kurz dünsten ➡ Tomaten untermengen ➡ Paprikaschoten, Salz, Pfeffer und Paprikapulver dazugeben, gut verrühren und köcheln lassen, bis viel Flüssigkeit verdampft ist ➡ eine Tasse Wasser darüber geben, umrühren und abschmecken ➡ die Hähnchenbrust in die Soße geben, Topf oder Pfanne zudecken und köcheln lassen, bis das Fleisch gar ist ➡ das Fleisch aus dem Topf nehmen, in kleine Würfel schneiden und wieder in die Soße geben.

☺ Beide Gemüsesorten zum Fleisch geben, umrühren und abschmecken, dann ca. 10 Minuten köcheln lassen, bis alles im Topf heiß ist. Falls die Flüssigkeit verdampft ist, etwas Wasser darüber geben.

☺ Das fertige Gericht in eine Servierschale geben, mit Petersilie bestreuen und heiß mit Reis servieren (siehe Seite 63).

****

Hähnchenauflauf

Zutaten:

1 Hähnchen
1 Zwiebel, schälen und hacken
2 bis 3 große Tomaten, hacken
50 g Oliven ohne Kerne, in Scheiben schneiden
2 Eier, hart kochen, Schale entfernen und in kleine Würfel schneiden
2 bis 3 Esslöffel gehackte Petersilie
Salz
Pfeffer
Öl
1 große Dose Maiskörner, durch ein Sieb geben und abtropfen lassen
3 Eier, aufschlagen, in eine Schale geben und gut verrühren
Salz
5 bis 6 Esslöffel Butter

So wird es gemacht:

☺ Hähnchen und etwas Salz in einen Topf geben, mit Wasser bedecken und kochen lassen, bis das Fleisch gar ist ➠ Hähnchen aus der Brühe nehmen, abkühlen lassen, dann Haut entfernen, das Fleisch vom Knochen lösen und zerkleinern.

☺ Etwas Öl in einer tiefen Pfanne erhitzen, Zwiebeln dazugeben und weich dünsten ➠ Hähnchenfleisch, Petersilie, Eierwürfel, Tomaten und Oliven zu den Zwiebeln geben, gut vermengen, mit Salz und Pfeffer abschmecken und Pfanne vom Herd nehmen.

☺ Backofen auf 180°C vorheizen.

☺ Eine Auflaufform mit Butter bepinseln, Hähnchenmasse in die Form geben und gut verteilen.

☺ Maiskörner in eine Küchenmaschine geben und pürieren ➠ Butter in eine große Pfanne geben und zerlassen ➠ Maispüree und Salz dazugeben und gut vermengen ➠

Pfanne vom Herd nehmen und abkühlen lassen ➡ Eier dazugeben, gut vermengen und abschmecken.
☺ Maispüree über das Fleisch geben und glätten ➡ Auflaufform in den Backofen schieben und ca. 30 Minuten backen, bis die Oberfläche eine goldgelbe Farbe hat.

✻✻✻✻✻✻✻✻✻✻✻

Mariniertes Hähnchen

Zutaten:

1 Hähnchen, waschen und abtropfen lassen

Zutaten für die Marinade:

1 Zwiebel, fein hacken
2 Knoblauchzehen, schälen, mit etwas Salz in einen Mörser geben und zerdrücken
1 Esslöffel Soja- oder Worcestersoße (oder beides)
1 Esslöffel Limettensaft
1 Prise Chilipulver
Salz
Pfeffer

So wird es gemacht:

☺ Alle Zutaten für die Marinade in eine kleine Schale geben und gut verrühren.
☺ Das Hähnchen von innen und außen mit Marinade einreiben, in eine Schale geben, zudecken und über Nacht im Kühlschrank aufbewahren. Zwischendurch das Hähnchen in der Marinade wenden.
☺ Backofen auf 180°C vorheizen.
☺ Das Hähnchen mit Marinade in eine Auflaufform geben, in den Backofen schieben und knusprig backen. Zwischendurch mit einer Kelle Marinade über das Hähnchen geben ➡ Auflaufform aus dem Backofen nehmen, Hähnchen kurz abkühlen lassen, dann zerlegen, auf einen Servierteller geben und mit Reis servieren.

Hähnchen mit Kokosnussmilch

Zutaten:

500 g Hähnchenfleisch, am besten Hähnchenbrust ohne Haut
1 Tasse Kokosnussmilch, siehe Seite 12
2 bis 3 Knoblauchzehen, schälen
2 bis 3 Lorbeerblätter
2 Esslöffel Sojasoße
1/2 Teelöffel Pfefferkörner
1 Teelöffel Salz
1/2 Teelöffel Pfeffer
2 bis 3 Löffel Öl

So wird es gemacht:

☺ Hähnchenbrust waschen, mit Küchenpapier abtupfen und in ca. 2 cm Würfel schneiden.

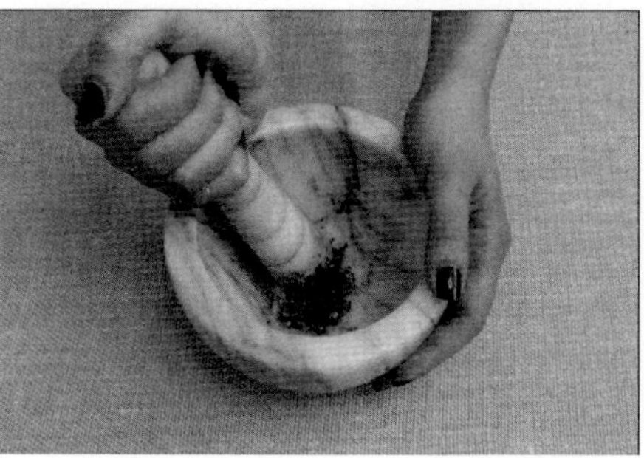

☺ Knoblauchzehen mit etwas Salz und Pfefferkörnern in einen Mörser geben und zerdrücken.

☺ Den Deckel der Kokosnussmilchdose aufschneiden, Inhalt gut vermengen und in eine Tasse oder ein Glas füllen.

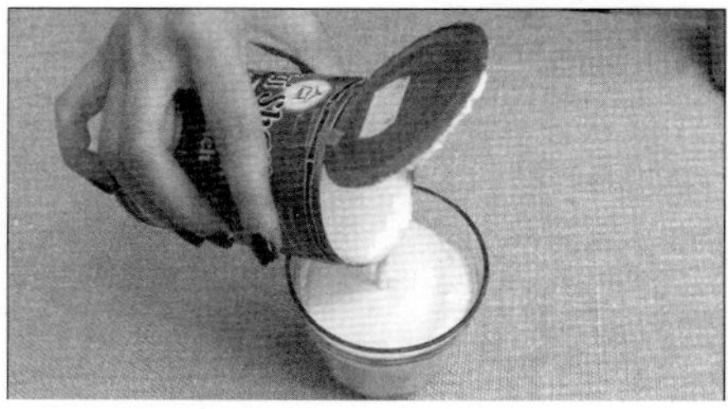

☺ Pfeffer, Salz, Essig und Sojasoße in eine kleine Schale geben und gut vermengen.

☺ 2 Esslöffel Öl in eine tiefe Pfanne geben und bei mittlerer Hitze erhitzen. Knoblauchpaste dazugeben und ganz kurz dünsten.

☺ Fleischstücke in die Pfanne geben und ca. 5 Minuten von allen Seiten braten, bis sie Farbe annehmen.

☺ Gewürzmischung darüber gießen, gut vermengen und 3 bis 5 Minuten köcheln lassen, bis viel Flüssigkeit verdampft ist. Häufig umrühren, damit nichts anbrennt.

☺ Kokosnussmilch darüber gießen, umrühren und bei mittlerer Hitze zum Kochen bringen, dann bei schwacher Hitze ca. 5 Minuten köcheln lassen, bis die Fleischstücke gar sind.

☺ Lorbeerblätter dazugeben, umrühren und 3 bis 4 Minuten köcheln lassen ➡ Lorbeerblätter entfernen, das Gericht in eine Servierschale geben und mit Reis (siehe Seite 63) und Salat servieren.

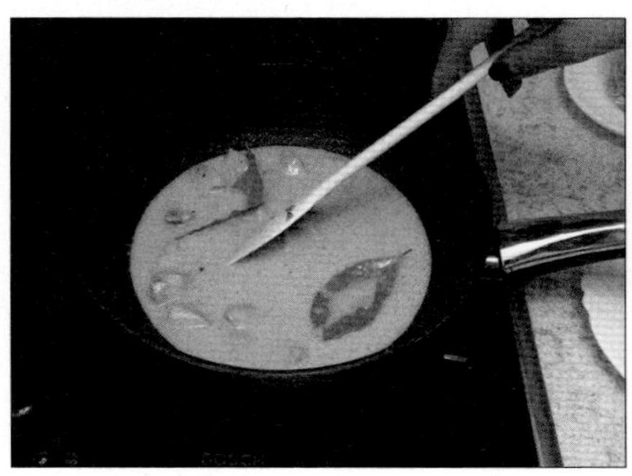

****

Eiergerichte

Ei mit Chorizo

Zutaten:

1 spanische Gewürzwurst, in ca. 1 cm dicke Scheiben schneiden
4 Eier, aufschlagen, in eine Schale geben und gut verrühren
1/2 Teelöffel süßes Paprikapulver
Öl

So wird es gemacht:

☺ Paprikapulver zum Ei geben und gut verrühren.
☺ Etwas Öl in einer Pfanne erhitzen ➡ Wurstscheiben in das heiße Öl geben und von beiden Seiten ca. 1 Minute anbraten ➡ Eier über den Wurstscheiben verteilen und stocken lassen, dann mit einem Holzlöffel umdrehen und weiter braten, bis die Eier gestockt sind ➡ heiß mit Brot und Salat servieren.

✻✻✻✻✻✻✻✻✻✻✻

Kartoffelomelette

Zutaten:

150 g Kartoffeln, schälen, in kleine Würfel schneiden, waschen und abtropfen lassen
Ca. 100 g geschälte Krabben
4 bis 5 Eier, aufschlagen, in eine Schale geben, etwas Salz und Pfeffer dazugeben und gut verrühren
1 kleine Zwiebel, schälen und fein hacken
1 große Tomate, Haut abziehen, halbieren, Samen entfernen und hacken (siehe Seite 15)
1 Teelöffel mildes Paprikapulver
Salz
Pfeffer

Öl

So wird es gemacht:

☺ Etwas Öl in einer großen Pfanne erhitzen, Kartoffeln dazugeben und knusprig braten, salzen und pfeffern, mit einem Schaumlöffel aus der Pfanne nehmen und beiseite stellen.

☺ In der gleichen Pfanne (in der Pfanne darf nur wenig Öl sein) die Zwiebeln glasig dünsten, Krabbenfleisch dazugeben und gut vermengen, Salz, Pfeffer und Paprikapulver dazugeben, gut vermengen und braten, bis die Krabben Farbe annehmen ➡ die gebratenen Kartoffeln und Tomaten zu den Krabben geben und gut vermengen, die Eier darüber geben und bei mittlerer Hitze stocken lassen, dann das Omelette wenden und stocken lassen ➡ heiß mit Brot, Salat und Soße servieren.

****

Fischgerichte

Gebackener Fisch mit Kokosnussmilch

Zutaten:

1 großer oder 2 mittelgroße Fische (ca. 1 kg) mit festem Fleisch (zum Beispiel Seebarsch), säubern, waschen und mit Küchenpapier abtupfen
1 Tasse Kokosnussmilch (siehe Seite 12)
2 bis 3 Knoblauchzehen, schälen, mit etwas Salz in einen Mörser geben und zerdrücken
1 kleine Zwiebel, schälen, halbieren und in dünne Streifen schneiden
1 kleine scharfe Chilischote, Stielansatz abschneiden, der Länge nach halbieren, Samen entfernen und fein hacken
Salz
Pfeffer
Öl

So wird es gemacht:

☺ Backofen auf 180°C vorheizen.
☺ 1 Esslöffel Öl. Knoblauchpaste, Zwiebeln, und Chili in eine kleine Schale geben und gut vermengen.
☺ Den Fisch (oder die Fische) auf ein Backblech oder in eine Auflaufform geben, von innen und außen mit Salz und Pfeffer bestreuen, dann die Gewürzmischung darüber geben ➟ Auflaufform in den vorgeheizten Backofen schieben und ca. 10 Minuten backen ➟ Auflaufform aus dem Backofen ziehen, Kokosnussmilch darüber geben und die Auflaufform zurück schieben und ca. 15 Minuten weiter backen.
☺ Den gebackenen Fisch auf einen Servierteller geben, die in der Auflaufform befindliche Soße in eine Servierschale geben

und heiß mit Reis und Salat servieren.

****

Fischfilets mit Kokosnussmilch

Zutaten:

4 Fischfilets, waschen und mit Küchenpapier abtupfen, dann Salz, Pfeffer und Limetten- oder Zitronensaft in eine Schale geben, die Fischfilets darin wälzen, Schale zudecken und für ca. 1 Stunde beiseite stellen
1/2 Tasse Kokosnussmilch (siehe Seite 12)
1 Bund Lauchzwiebeln oder 1 mittelgroße Zwiebel, hacken
1 Esslöffel Mehl
Salz
Pfeffer
Öl, zum Braten

Folgende Zutaten in eine Küchenmaschine geben und zu einer Paste pürieren:

3 bis 4 Knoblauchzehen, schälen
1 Esslöffel Tomatenmark oder 2 Esslöffel Tomatensaft oder 1 kleine Tomate, Haut abziehen, halbieren, Samen entfernen und grob hacken (siehe Seite 15)
1/2 Teelöffel Kurkuma oder Safranersatz
1 bis 2 Esslöffel frische Korianderblätter
1/2 Teelöffel frischer Thymian. Ersatzweise etwas getrockneter Thymian
1 Prise Chilipulver
1 kleine, lange, milde Peperoni, Stielansatz abschneiden, der Länge nach halbieren, Samen entfernen und grob hacken. Ersatzweise 1/4 Paprikaschote
Pfeffer
Salz

So wird es gemacht:

☺ Etwas Öl in einer tiefen Pfanne erhitzen, Lauchzwiebeln oder Zwiebeln dazugeben und glasig dünsten ➟ etwas Mehl und Salz dazugeben, gut vermengen und kurz weiter dünsten ➟ Gewürzpüree dazugeben, gut vermengen, abschmecken und ca. 8 bis 10 Minuten köcheln lassen ➟ Kokosnussmilch darüber gießen, umrühren, kurz zum Kochen bringen, dann bei schwacher Hitze 5 bis 6 Minuten köcheln lassen.

☺ Öl in einer Pfanne erhitzen, Fischfilets dazugeben und von beiden Seiten braten, aus der Pfanne nehmen und auf Servierteller geben ➟ Kokosnusssoße über die Filets verteilen und heiß mit Salat und Reis servieren.

****

Fischfilets mit Lauchsoße

Zutaten:

4 Fischfilets, je ca. 250 g, waschen und mit Küchenpapier abtupfen, mit Limetten- oder Zitronensaft einreiben, mit Salz und Pfeffer bestreuen, in eine Schale geben, zudecken und für ca. 1 Stunde in den Kühlschrank stellen
1 große Stange Porree, nur den weißen Teil in Scheiben schneiden, waschen und abtropfen lassen
1 Zwiebel, schälen, halbieren und in dünne Streifen schneiden
2 lange, milde Peperoni (oder 1 Paprikaschote), Stielansätze abschneiden, der Länge nach halbieren, Samen entfernen und in dünne Streifen schneiden
Handvoll Oliven ohne Kerne, hacken
1 Tasse Wasser
Limetten- oder Zitronensaft
Prise Zucker
Salz
Pfeffer
Öl

So wird es gemacht:

☺ Etwas Öl in eine große, tiefe Pfanne geben und erhitzen ➡ Zwiebeln, Porree und Paprika dazugeben, gut vermengen und 4 bis 5 Minuten dünsten ➡ salzen und pfeffern ➡ Wasser und eine Prise Zucker darüber geben, umrühren, Pfanne zudecken und weitere 5 Minuten kochen lassen ➡ Fischfilets in die Pfanne geben und mit dem Lauch bedecken, dann 6 bis 7 Minuten köcheln lassen, bis die Filets gar sind.

☺ Fischfilets aus der Pfanne nehmen und warm halten.

☺ Pfanne vom Herd nehmen und abkühlen lassen.

☺ Pfanneninhalt und gehackte Oliven in eine Küchenmaschine geben und pürieren, dann in einen Topf geben, abschmecken und köcheln lassen. Falls die Soße sehr dickflüssig ist, mit etwas Wasser verdünnen.

☺ Die gekochten Fischfilets auf Servierteller geben, heiße Soße darüber geben und heiß mit Gemüse (zum Beispiel Spinat) und Salat servieren.

****

Gebackener Fisch mit Füllung

Zutaten:

1 großer Fisch (ca. 2 bis 2½ kg) mit festem Fleisch, Kopf und Schwanz dran lassen, waschen und abtropfen lassen
1 mittelgroße oder 2 kleine Tomaten, Haut abziehen, halbieren, Samen entfernen und hacken (siehe Seite 15)
1 Zwiebel, schälen und hacken
3 bis 4 Knoblauchzehen, schälen und grob hacken
1 lange, milde Peperoni, Stielansatz abschneiden, der Länge nach halbieren, Samen entfernen und hacken
100 g kleine Krabben ohne Schale
1/2 Teelöffel süßes Paprikapulver
1/2 Teelöffel Kümmel- oder Kreuzkümmelpulver

1 Teelöffel getrockneter Oregano
5 bis 6 Esslöffel Brotkrümel
Limetten- oder Zitronensaft
Etwas Chilipulver
Salz
Pfeffer
Öl

So wird es gemacht:

☺ Knoblauch, Oregano, Kümmelpulver, etwas Salz und Pfeffer in einen Mörser geben und zerdrücken ➟ 1 Esslöffel Limetten- oder Zitronensaft dazugeben und gut verrühren.
☺ Von beiden Seiten mit einem scharfen Messer 2 bis 3 tiefe Schnitte in das Fleisch des Fisches schneiden und die Schnitte mit Knoblauchpaste füllen und beiseite stellen.
☺ Backofen auf 180°C vorheizen.
☺ Etwas Öl in einer Pfanne erhitzen ➟ Paprikapulver und Zwiebeln dazugeben, gut vermengen und glasig dünsten ➟ Tomaten und Peperoni dazugeben und ca. 5 Minuten dünsten, dann mit Salz, Pfeffer, Kümmelpulver und Chilipulver abschmecken ➟ Pfanne vom Herd nehmen ➟ Krabben und Brotkrümel dazugeben, gut vermengen und den Fisch damit füllen.
☺ Den gefüllten Fisch mit Alufolie umhüllen (aber nicht zu fest wickeln), in eine Auflaufform geben, und ca. 25 bis 30 Minuten backen ➟ Auflaufform aus dem Backofen nehmen ➟ den Fisch in der Alufolie auf einen länglichen Servierteller geben, vorsichtig aufmachen und den Fisch heiß servieren.

✻✻✻✻✻✻✻✻✻✻

Gebratener Fisch

Zutaten:

4 mittelgroße Fische mit festem Fleisch, säubern, waschen und mit Küchenpapier abtupfen
1 Schalotte, schälen und hacken
Zitronen- oder Limettensaft
Salz
Pfeffer
Öl, zum Braten

So wird es gemacht:

☺ Schalotten, Pfeffer und etwas Salz in eine kleine Schale geben und gut vermengen.
☺ Öl in einer großen Pfanne erhitzen.
☺ Schalotten in die Fische füllen und mit Salz und Pfeffer von außen bestreuen ➟ Fische von beiden Seiten knusprig braten ➟ einen Servierteller mit Salatblättern belegen, die gebratenen Fische darauf geben und heiß mit Reis (siehe Seite 63) und Salat servieren.

✻✻✻✻✻✻✻✻✻✻✻

Getrockneter Fisch mit Gemüse

Zutaten:

4 große, getrocknete Fischfilets, über Nacht in Wasser einlegen. Für das Gericht können auch gesalzene Fischfilets verwendet werden
Ca. 1 kg verschiedene Gemüsesorten:
- Yam, schälen und in ca. 2 bis 3 cm Würfel schneiden
- Cassava, schälen und in ca. 2 bis 3 cm Würfel schneiden
- Süßkartoffeln, schälen und in ca. 3 bis 4 cm Würfel schneiden
- Kochbananen, schälen und in Scheiben schneiden

Kürbisfruchtfleisch, in ca. 4 cm Würfel schneiden
1 Esslöffel gehackte Korianderblätter
2 Tassen oder eine Dose Kokosnussmilch (siehe Seite 12)
1 große Tomate, Haut abziehen, halbieren, Samen entfernen und hacken (siehe Seite 15)
1 Knoblauchzehe, schälen und fein hacken
1 kleine Zwiebel, schälen und hacken
1/2 Bund Lauchzwiebeln, hacken
1 Teelöffel Sojasoße
1 Teelöffel gehackte Chilischote oder Menge nach Geschmack
Salz
Pfeffer
Öl

So wird es gemacht:

☺ Soße herstellen:
Etwas Öl in einer kleinen Pfanne oder einem Topf erhitzen ➠ Tomaten, Zwiebeln, Knoblauch, Lauchzwiebeln, Sojasoße, Chili, Pfeffer und etwas Salz in das heiße Öl geben, gut vermengen und bei schwacher Hitze köcheln lassen, bis die Soße dick wird ➠ Topf vom Herd nehmen und beiseite stellen.

☺ Etwas Öl in einer tiefen Pfanne oder einem Topf erhitzen ➠ die Gemüse dazugeben und anbraten, bis sie Farbe annehmen ➠ Soße, Koriander, Pfeffer, Salz und Kokosnussmilch darüber geben und umrühren ➠ Fischfilets auf die Gemüse geben, Topf zudecken und ca. 30 bis 35 Minuten köcheln lassen, bis die Gemüse gar sind ➠ abschmecken.

☺ Fischfilets aus dem Topf entfernen ➠ Gemüse auf Servierteller geben, Fischfilets darauf geben und heiß mit Reis (siehe Seite 63) und Salat servieren.

✻✻✻✻✻✻✻✻✻✻

Süßspeisen

Kürbiskompott

Zutaten:

500 g Kürbisfruchtfleisch, in ca. 3 bis 4 cm Würfel schneiden
300 g feiner Zucker
3/4 Tasse Wasser
Ein paar Nelken

So wird es gemacht:

☺ Kürbiswürfel, Zucker, Wasser und Nelken in einen Topf geben und rühren, dabei erhitzen, bis der Zucker aufgelöst ist, dann bei mittlerer Hitze ca. 30 Minuten kochen lassen, bis der Kürbis sehr gar ist.
☺ Topf vom Herd nehmen und den Kürbis mit einer Gabel pürieren ➟ Kompott in eine Servierschale geben und bei Raumtemperatur servieren.

Vermerk:
Zum besseren Geschmack kann man, ca. 10 Minuten bevor die Kürbiswürfel sehr weich sind, 1/2 Tasse Kokosnussraspeln zum Kompott geben.

****

Ananas- oder Aprikosenpudding

Zutaten:

300 bis 350 g Ananas- oder Aprikosenfruchtfleisch, zerkleinern
4 Eier, aufschlagen, in eine Schale geben und verrühren
1 Tasse Zucker, davon 3 bis 4 Esslöffel beiseite stellen
Eventuell Limettensaft

So wird es gemacht:

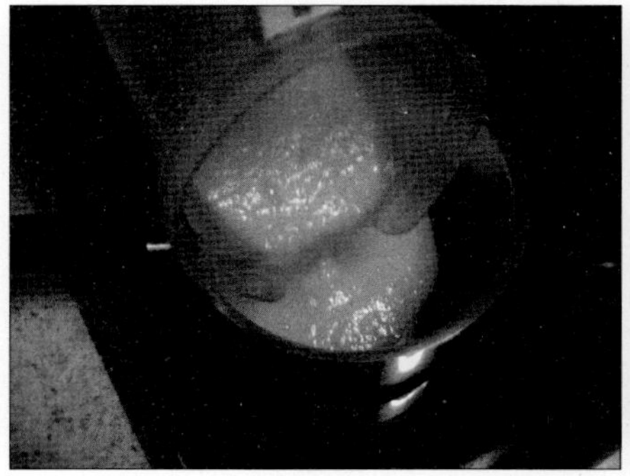

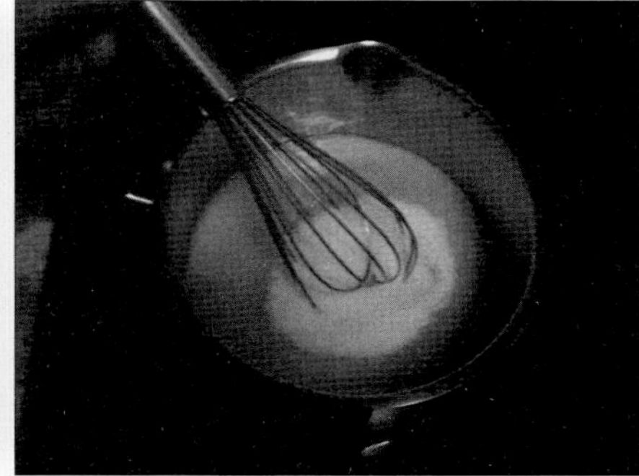

☺ Fruchtfleisch in eine Küchenmaschine geben und pürieren, dann in einen Topf geben, Zucker dazugeben und rühren, bis der Zucker aufgelöst ist, dabei köcheln lassen, bis ein Teil der Masse verdampft ist ➡ Topf vom Herd nehmen und abkühlen lassen.

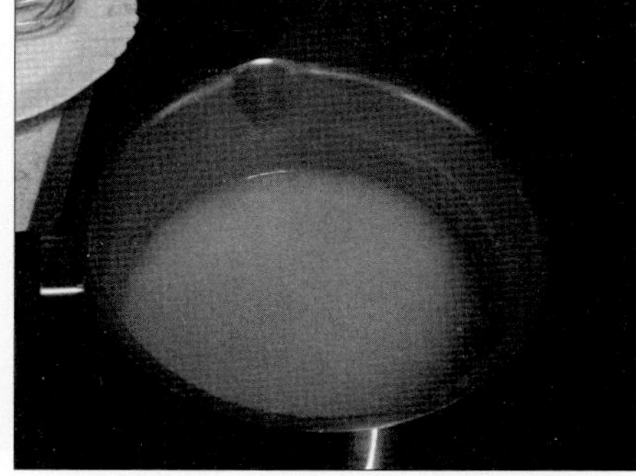

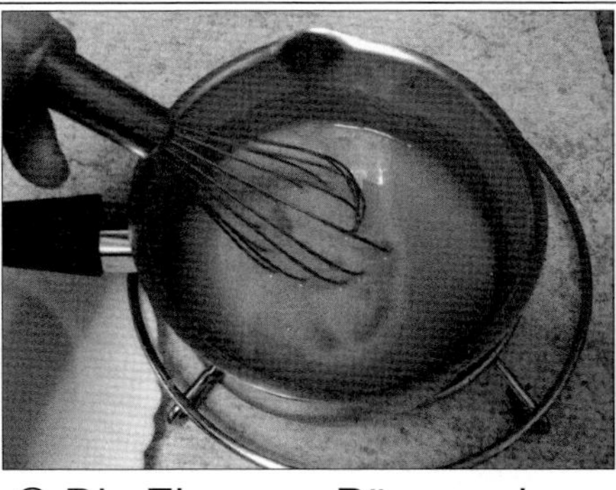

☺ Die Eier zum Püree geben und gut verrühren.
☺ Backofen auf 180°C vorheizen.
☺ Eine feuerfeste Form in eine Auflaufform legen und etwas warmes Wasser (2 cm hoch) in die Auflaufform geben.

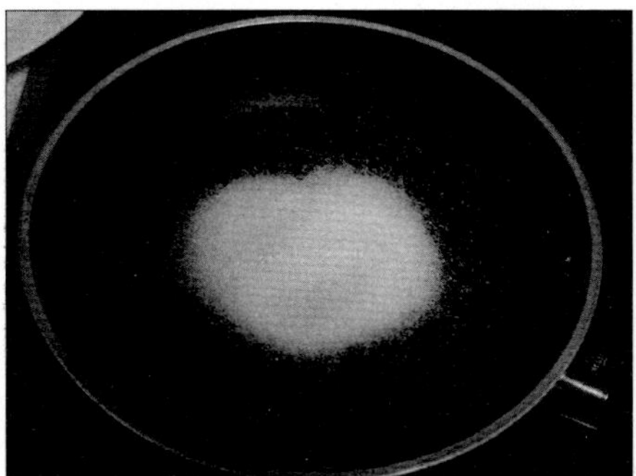

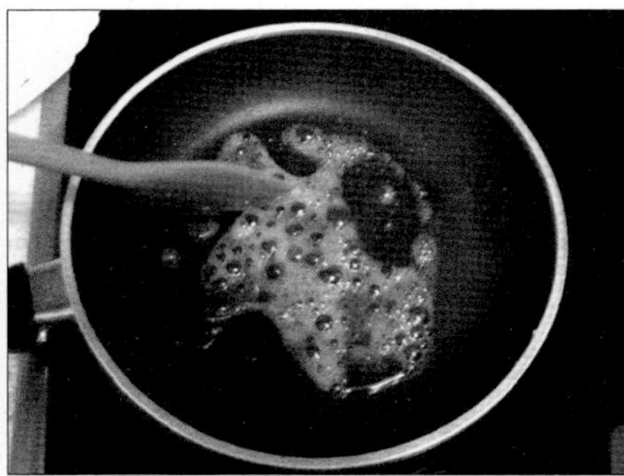

☺ 4 Esslöffel Zucker in eine Pfanne geben und schmelzen lassen, vorsichtig etwas Zitronensaft dazugeben.

☺ Karamellisierten Zucker in die Formen geben und die Formen mit Pudding füllen (nicht so voll füllen).

☺ Auflaufform in den Backofen schieben und ca. 40 bis 45 Minuten backen, Formen aus dem Ofen nehmen, kurz abkühlen lassen, einen Servierteller darauf stellen, umdrehen, Form entfernen und warm oder kalt servieren.

****

Kaffeepudding

Zutaten:

1/2 Tasse gemahlenen Kaffee
4 Eier, aufschlagen, in eine Schale geben und rühren
1/2 Tasse Sahne
2 bis 3 Esslöffel Kondensmilch
1 Tasse Zucker

So wird es gemacht:

☺ Kaffee und 3/4 Tasse Wasser in einen Topf geben, zum Kochen bringen, dann bei mittlerer Hitze ca. 5 Minuten kochen lassen ➟ gekochten Kaffee durch ein Filterpapier geben, in einem Topf auffangen und beiseite stellen.
☺ Eine große oder mehrere feuerfeste Formen auf ein Backblech oder eine Auflaufform stellen, warmes Wasser in die Auflaufform gießen, bis ca. 2 cm vom Boden bedeckt sind.
☺ 4 bis 5 Esslöffel Zucker in eine kleine Pfanne geben und bei schwacher Hitze schmelzen lassen ➟ geschmolzenen Zucker in die Formen geben und die Formen bewegen, damit

der Zucker den ganzen Boden bedecken kann.

☺ Backofen auf 160°C vorheizen.

☺ Eier, Sahne, Zucker und Kondensmilch in eine Schale geben und gut verrühren ➡ Puddingmasse in die Formen geben (nicht so voll füllen) und ca. 45 bis 50 Minuten backen.

☺ Auflaufform oder Backblech aus dem Backofen nehmen ➡ die Puddingformen abkühlen lassen, den Pudding mit einem Messer vom Rand der Formen lösen ➡ ein etwas größeren Servierteller auf die Puddingformen legen und schnell umdrehen ➡ Puddingformen entfernen und Kaffeepudding servieren.

****

Süße Maisfladen

Zutaten:

1 Tasse Maismehl, am besten die Sorte Arepa
1½ Tassen warmes Wasser
5 bis 6 Esslöffel dunkler, brauner Zucker
50 g ungesalzenen, weißen Käse, reiben oder fein hacken
½ Teelöffel Anissamen, zerdrücken
Öl, zum Braten

So wird es gemacht:

☺ Maismehl und Wasser in eine Schale geben und gut verkneten, Schale zudecken und ca. 10 Minuten stehen lassen ➡ Käse, Zucker und Anissamen zum Teig geben und gut verkneten.

☺ Teig in 10 bis 12 Stücke schneiden und mit der Hand zu kleinen, flachen Fladen formen.

☺ Reichlich Öl in einer tiefen Pfanne erhitzen ➡ Teigfladen in das heiße Öl geben, kurz braten und mit einem Schaumlöffel aus dem Öl nehmen, abtropfen lassen und zu Tee oder Kaffee servieren.

****

Süßkartoffelkuchen

Zutaten:

500 g Süßkartoffeln
1 Tasse Zucker
5 Eier
1 Tasse geriebene Walnüsse: Man kann auch eine andere Nusssorte verwenden
4 Esslöffel Papiermehl
1 Teelöffel Vanilleessenz

Zutaten für die Füllung:

Folgende Zutaten zusammen verrühren:
5 Esslöffel Zucker und 2 Eigelb
1 Tasse gehackte Walnüsse oder eine andere Nusssorte

So wird es gemacht:

☺ Süßkartoffeln in reichlich Wasser gar kochen oder in Alufolie umhüllt im vorgeheizten Backofen (180°C), 35 bis 40 Minuten, backen ➟ Kartoffeln kurz abkühlen lassen, Schalen entfernen und in einer Küchenmaschine pürieren.

☺ Zwei Springformen mit Backpapier belegen:
Backpapierstück auf den Springformboden legen ➟ Spannring um den Boden legen ➟ Spannbügel schließen. Beim Schließen darauf achten, dass der Boden in der Nut

sitzt ➠ das überstehende Backpapier mit einer Schere abschneiden.

☺ Die Formen mit Butter bepinseln.

☺ Backofen auf 180°C vorheizen.

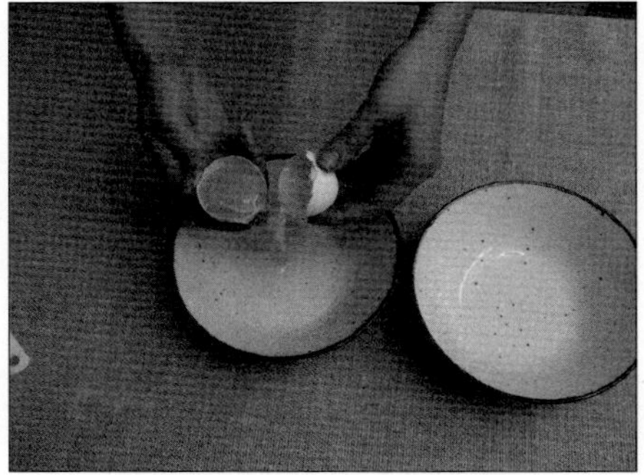

☺ Das Eigelb vom Eiweiß trennen:
Schale vorsichtig aufbrechen und das Eiweiß in eine kleine Schale laufen lassen.
Wer Schwierigkeiten mit dem Trennen der Eier hat, kann ein Sieb und ein Messer zu Hilfe nehmen:

① Schale vorsichtig aufbrechen und das Ei in das Sieb laufen lassen.

①

② Eiweiß langsam in die Schüssel laufen lassen. Das Eigelb wird mit einem Messer zurückgehalten.

☺ Süßkartoffelpüree in eine Schale geben ➠ Eigelb verrühren und zum Püree geben, dann Zucker, Vanilleessenz, Paniermehl und geriebenen Nüsse dazugeben und gut vermengen.

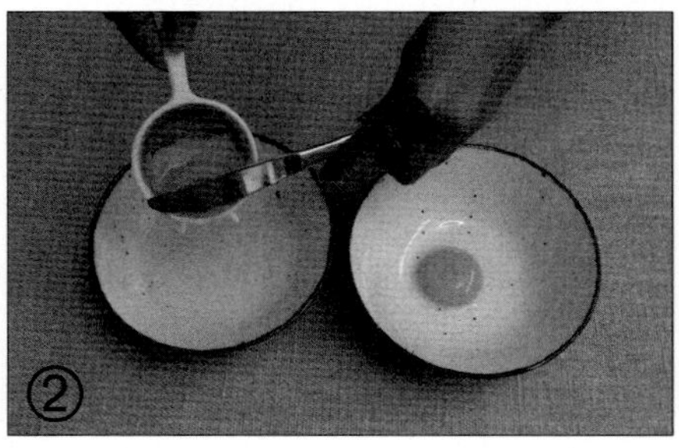

②

☺ Eiweiß steif schlagen und dabei 2 Esslöffel Zucker untermengen ➠ Kartoffelmasse in zwei Teile teilen, in die Backformen geben, Oberfläche glätten, die Formen in den vorgeheizten

Backofen schieben und 30 bis 35 Minuten backen, bis die Oberflächen eine helle Farbe annehmen ➠ Backformen aus dem Backofen nehmen und abkühlen lassen.

☺ Füllung fertig stellen:

Ca. 1/2 Tasse Wasser und gehackte Nüsse in einen kleinen Topf geben und zum Brodeln bringen, dann bei mittlerer Hitze 4 bis 5 Minuten kochen lassen, dann Kochtemperatur auf die kleinste Stufe stellen ➠ Zucker-Eimasse langsam dazugeben, dabei ständig rühren, bis die Masse verbraucht ist ➠ Füllung 4 bis 5 Minuten köcheln lassen, bis die Masse dick wird ➠ Topf vom Herd nehmen und abkühlen lassen.

☺ Die abgekühlten Springformen etwas öffnen und den Kuchen mithilfe eines Messers rundherum von den Formen lösen ➠ Die Springformen ganz entriegeln und entfernen ➠ einen der beiden Kuchen auf eine Servierplatte geben ➠ Füllung auf den Kuchen geben und glätten ➠ den zweiten Kuchen auf die Füllung legen, eventuell die Oberfläche mit Puderzucker bestreuen und servieren.

****

ISBN 978-3-927459-75-5

ISBN 978-3-927459-74-8

ISBN 978-3-927459-73-1

ISBN 978-3-927459-72-4